AI 윤리 가이드

AI문고

인공지능 시대입니다. 기계가 인간의 인지를 대신하고, 사물이 인간을 통하지 않고 다른 사물과 직접 커뮤니케이션합니다. 이에 따른 인간 삶과 문명 변화를 정확히 이해·예측·대응하는 것은 이 시대 우리 모두의 과제입니다. AI문고는 인공지능 기술과 환경의 여러 주제를 10가지 키워드로 정리합니다. 관련 개념과 이론, 학계와 산업계의 쟁점, 우리 일상의 변화를 다룹니다. 인간과 기술의 현재, 미래를 세심히 분석합니다.

일러두기

- 인명, 작품명, 저서명, 개념어 등은 한글과 함께 괄호 안에 해당 국가의 원어를 병기했습니다.
- 외래어 표기는 현행 어문규정의 외래어표기법을 따랐습니다. 다만 '딥러닝', '딥마인드', '딥페이크' 등은 관행을 따랐습니다.

처음이세요?

전문가세요?

AI 윤리 가이드

김용환 · 임희정

대한민국, 서울, 커뮤니케이션북스, 2025

AI 윤리 가이드

지은이 김용환 · 임희정
펴낸이 박영률

초판 1쇄 펴낸날 2025년 4월 4일

커뮤니케이션북스(주)
출판 등록 2007년 8월 17일 제313-2007-000166호
02880 서울시 성북구 성북로 5-11
전화(02) 7474 001, 팩스(02) 736 5047
commbooks@commbooks.com
www.commbooks.com

ISBN 979-11-7307-659-6 03500

책값은 뒤표지에 표시되어 있습니다.

차례

인공지능 시대 윤리 가이드

2016년 AI 바둑 소프트웨어 알파고가 공개된 이후, 인간처럼 인지 및 이해력을 갖고 대화하고, 인간처럼 추론 및 활동하는 로봇과 인간을 지원하는 지능형 로봇과 다양한 디바이스(AIaaS, AI Agent 등)를 만나는 '새로운 AI 시대(New AI Era)'로 진입하고 있다. 2024년 노벨 물리학상과 화학상 수상자는 AI 시대의 선구자들이었다. 노벨 물리학상에는 신경망 모형을 만든 존 홉필드(John J. Hopfield) 프린스턴대학 교수와 '딥러닝'을 창시한 제프리 힌턴(Geoffrey E. Hinton) 토론토대학 교수였다. 노벨 화학상 공동 수상자 데이비드 베이커(David Baker) 교수는 단백질 설계 분야의 선구자로 새로운 단백질을 만들 수 있는 AI인 '로제타폴드(RoseTTAFold)'를 개발했고, 데미스 허사비스(Demis Hassabis) CEO와 존 점퍼(John M. Jumper) 박사는 또 다른 단백질 구조 예측 · 설계 AI '알파폴드(AlphaFold)'를 개발했다. 노벨상을 지켜본 과학자들은 AI가 단순한 기술적인 도구를 넘어서 과학 문제를 해결하는 데에 중요한 역할을 하고 있다고 평가하면서, AI의 빠른 발전이 과학은 물론이고 일상생활 전반에 큰 파급력을 주고 있다는 의미로 설명하고 있다. 특히 2024년 12월 스웨덴 스톡홀름에서 개최된 노벨상 시상식에서 노벨 물리학상 수상자 제프리 힌턴은 최근의 개발 속도를 보면 '초지능(Super Intelligence)'이 5~20년 안에 개발될 것이며 AI에 대한 통제 방안을 한시라도 빨리 만들어야 한다고 주장했고, 노벨 화학상 수상자 데미스 허사비스는 AI는 인류가 개발한 가장 강력한 기술 중 하나인 만큼, 그 위험성을 매우 심각하게 다룰 필요가 있다고 설명했다. 또한 2024년 노벨 경제학상을 받은 다론 아제모을루 미국 MIT 교수는 AI가 빅 테크 등 소수 권력에 집중돼 세계적 불평등을 확대할 것이라고 경고했다.

AI 기술의 급속한 발달로 '인간같이 대화하고 인간같이 행동하는 AI'를 조만간에 만날 수 있게 되었고, 생성형 AI 활용으로 'AI 에이전트(Agent)'가 인간이 하는 다양한 일과 업무를 대신할 수 있게 되었다. AI 에이전트는 인공지능 기술을 기반으로 사용자를 대신해 자율적으로 작업을 수행하고 의사 결정을 내리는 소프트웨어 시스템이다. 이러한 에이전트는 환경을 인식하고, 정보를 처리하며, 학습을 통해 성능을 개선한다. 특히 이미지, 영상, 소리 등을 다루는 멀티 모달 AI 기술 혁신으로 'AI 에이전트' 서비스와 제품이 제공되고 있다. 마이크로소프트도 최근 기업 고객을 대상으로 업무 자동화를 위한 AI 에이전트 10종을 공개했다. 생성형 AI 서비스 '코파일럿' 기반이다. 여러 데이터를 종합해 최우선적으로 영업력을 쏟아야 할 고객이 누구인지 자동으로 판단하는 에이전트나, 공급망을 추적해 문제가 발생할 가능성이 있는 지점을 미리 파악하는 에이전트 등이다. 고객 관리 소프트웨어의 세계 시장을 선도하는 세일즈포스 기업은 고객 관리 및 시장 분석 분야에서 AI 에이전트인 2023년 '아인슈타인GPT'와 2024년 '에이전트포스(Agent-force)'를 제공하고 있다. 특히 2024년 9월 17일 미국 샌프란시스코에서 개막한 연례행사 '드림포스 2024(Dreamforce 2024)'에서 최신 AI 협업 솔루션 '에이전트포스(Agent-force)'를 처음 공개했다. 에이전트포스는 자연어(일상 언어)로 손쉽게 '에이전트'라고 부르는 AI 비서를 구축하는 플랫폼이다. 복잡한 코딩 작업이 필요 없다. 각 기업은 고객 상담, 직원 교육, 현장 보안 등 니즈에 맞게 다양한 AI 비서를 만들어 업무에 투입할 수 있다. 세일즈포스의 베니오프 CEO는 "오늘날 기업은 업무 시간의 41%를 비효율적인 일에 낭비하고 있다"며 "이제 AI의 도움을 받아 기존 업무 수행 방식을 통째로 바꿀 때가 왔다"고 했다. 다양한 AIaaS와 AI 에이전트가 맞춤형 고객 관리와 직원 교육까지 지원 가능하다.

에이전트포스는 2024년 창사 25주년을 맞은 세계 최대 고객 관계 관리(CRM) 기업 세일즈포스의 새로운 서비스다. 그동안 기업의 '디지털 전환'에 집중해 왔다면, 이제는 'AI 전환'을 돕겠다는 구상이며, 비즈니스에서 발생하는 상당한 업무에서 인간을 대체하고 있는 것이다. 아울러 AI와 함께 스포츠를 즐기는 시대로 진입하고 있다. 2024년 7월 프랑스에서 하계 올림픽이 개최됐다. AI 폰 갤럭시 S24가 개막식 촬영에 활용되었고, 생생한 현장의 박진감을 전달하면서 요트 경기를 중계했다. 또한 이스라엘 스포츠 영상 테크 기업 'WSC스포츠'의 인공지능은 유명 농구 선수 르브론 제임스가 뛴 40분가량의 농구 경기를 1분짜리 하이라이트 영상으로 압축·편집하는 데 25초가 소요된다. 이와 같이 AI·빅 데이터 기술의 초고속 발전은 스포츠에서도 '스포츠 테크'란 새로운 시장의 발전으로 이어지고 있다. 시장 조사 업체 '스카이퀘스트'에 따르면, 글로벌 스포츠 테크 시장 규모는 2023년 183억 달러(약 25조 원)에서 2031년 794억 달러로 4배 넘게 성장할 전망이다. 2006년 설립된 WSC스포츠는

업계 최초로 생성형 AI를 활용해 스포츠 경기의 하이라이트 영상을 만들기 시작했다. 그리고 최근 스포츠 팬들이 경기를 TV가 아닌 유튜브나 인스타그램 등 소셜 미디어에서 짧은 영상으로 소비하는 트렌드가 확산하자, 미국 프로 농구(NBA), 유럽 축구 연맹(UEFA) 등 세계적인 스포츠 리그들과 계약을 맺으면서 급속하게 시장 규모가 확대되고 있다. 2023년 WSC스포츠의 AI는 총 640만 개의 하이라이트 영상을 편집했다. WSC스포츠의 경쟁력은 압도적인 데이터를 학습한 AI의 정확도 높은 편집 기술이다. WSC스포츠는 AI가 득점한 선수의 인기, 해설자가 말하는 속도나 목소리 크기에 따른 흥분도, 경기 상황 등에 따라 주요 경기 장면을 1~5점 사이로 점수를 매겨 하이라이트 영상을 만들고 소셜 미디어별 특성에 맞춰 최적화한 영상까지 추천한다고 설명했다. 국제 축구 연맹(FIFA)은 한때 경기 영상 클립을 만들기 위해 70~80명의 영상 편집 인력을 일시적으로 고용하기도 했지만, WSC스포츠가 개발한 이 같은 편집 서비스를 이용하고 나서는 그럴 필요가 없어졌다고 한다.

무인 AI 카메라로 스포츠 경기를 중계하는 '픽셀롯(Pixellot)'은 글로벌 스포츠 테크 기업 중 하나다. 픽셀롯의 AI 카메라는 촬영 중 자동으로 공을 추적하고, 경기

상황에 따라 줌 인과 줌 아웃 등 각종 촬영 기법을 알아서 조정 및 운영한다. 즉, 픽셀롯의 AI 카메라는 수많은 경기 영상을 학습한 끝에 숙련된 카메라 감독과 같은 역할을 할 수 있게 됐다. 렌즈 네 개가 달린 AI 카메라는 일반 카메라 16대와 비슷한 결과물을 만들어 낸다. 2013년 설립된 픽셀롯은 이미 19개 이상의 스포츠 종목에서 매달 약 35만 시간의 스포츠 경기를 생중계하고 있다. 픽셀롯의 AI 중계 서비스는 단순히 경기를 기록해 두는 차원을 넘어 젊은 유망주 발굴, 경기 데이터 분석 등에 도움이 된다. 또한 픽셀롯은 스포츠 종목별로 특화한 AI를 개발했을 뿐 아니라, 특정 선수가 경기 도중 몇 km를 뛰었고, 평균 속력은 얼마나 되는지 등 다양한 경기 데이터까지 추출할 수 있다. 스포츠 리그들의 선수 발굴과 경기력 향상에 대한 해답을 찾는 데 도움을 줄 수 있는 '올인원(All in One)' 서비스를 제공한다. 올인원은 다양한 기능을 하나로 합친 제품 및 서비스를 의미한다.

전 세계에서 가장 많은 사용자를 가진 AI 앱 중 하나인 '캐릭터AI'가 인공지능 캐릭터와 음성으로 통화할 수 있는 서비스를 2024년 7월 출시했다. 테크크런치에 따르면 '캐릭터AI'는 앱에 등록된 AI캐릭터들과 음성으로 통화할 수 있는 '캐릭터 콜'을 일반 사용자 모두에게 공개했다. 과거에는 텍스트를 통해서 대화하거나 음성으로 답을 받는 것만 가능했는데, 이제는 사람과 음성 통화하듯이 양방향 대화가 가능해졌다. 영어, 스페인어, 포르투갈어, 러시아어, 한국어, 일본어, 중국어가 가능하다. '캐릭터AI'는 사용자가 만든 콘텐츠(UGC) AI들이 대부분으로, 유명 인물이나 만화 캐릭터를 AI로 만든 경우도 많다. 사용자가 직접 목소리를 만들 수 있는 기능을 통해 이미 100만 개 이상의 음성이 있다.

한편 일상으로 스며든 AI 가사 도우미 로봇은 영양 상태에 맞춰 식단을 준비하고 스마트폰으로 건강을 체크한다. AI는 우리의 일상생활을 더욱 쾌적하고 편리하게 해 줄 도구가 되었고 점점 더 편리한 삶을 제공한다. 몰리 로보틱스(Moley Robotics)가 소개한 로봇 셰프 모토(Moto)는 주방에서의 해방을 선사한다. 로봇 셰프 모토는 천장 장착형 로봇으로 두 팔에 달린 관절용 손이 요리사의 섬세한 움직임을 대신한다. 2017년 처음 개발되었을 때는 10개 정도의 요리만 가능했지만 현재는 5000여 가지의 레시피를 소화할 수 있어 먹고 싶은 요리를 지정할 수도 있다. 사람과 거의 동일한 움직임으로 냉장고에서 재료 꺼내기, 불 세기 조절, 수도꼭지로 냄비에 물 붓기, 접시에 음식 담기는 물론이고 요리가 끝나면 주방 표면을 닦고 자외선 조명을 이용해 소독을 하는 등 식단 준비 및 뒷정리를 한다. 또한 시어그릴스(Seergrills)의 퍼펙타(Perfecta)는 사용자가 입력한 요리 선호도, 다양한 음식 유형에 따라 소프트웨어에 내장된 인공지능의 조합을 통해 작동되는 AI 기반의 그릴이다. 고기 종류와 부위에 맞춘 조리법이 내장되어 있다. 고기를 홀더에 넣으면 고기의 두께를 인지해 고기의 종류에 따라 익힘 정도를 최적화하고, 마이야르 반응(Maillard reaction)을 완벽하게 구현한다. 시어그릴은 900℃까지 도달해 1분 만에 스테이크를 조리할 수 있어 90% 이상 시간을 절감하면서 전력 소비도 50% 이상 줄일 수 있다. 집에서 아이스크림을 만들어 얼리려면 몇 시간이 걸리지만 콜드스냅(ColdSnap)의 아이스크림 기계를 사용하면 2분 만에 만들 수 있다. 다양한 아이스크림 맛 중 하나의 맛을 담은 슬림한 코카콜라 캔처럼 생긴 포드를 기계에 넣기만 하면 곧바로 소프트 아이스크림을 먹을 수 있다.

빅 테크들이 인공지능을 동원해 날씨를 지금보다 빠르고 정확하게 예측하는 기술을 개발하고 있다. 2023년 11월 구글 AI 전문 기관 딥마인드는 과학 저널 ≪사이언스(SCIENCE)≫를 통해 1분 만에 10일간의 일기 예보를 정확하게 생성하는 AI 모델 '그래프캐스트(GraphCast)'

를 개발했다고 공개했다. 그래프캐스트는 현재 일기 예보의 표준 방식인 수치 예보(NWP)와의 비교 테스트에서 90% 이상 뛰어난 성능을 보였고 기상 이변 예측에서도 우수한 성능을 보였다. 특히 기존 일기 예보에 슈퍼컴퓨터를 사용하는 것과 대조적으로 PC에서도 몇 분 안에 날씨를 예측할 수 있다고 설명했다. 또한 구글의 AI 연구소 딥마인드는 2024년 7월 세계적인 학술지 ≪네이처(NATURE)≫에 기존의 날씨 예측 방식에 AI를 결합한 '뉴럴 GCM(General Circulation Models, 대기 대순환 모델)'에 대한 논문을 게재했다. 딥마인드는 현재 가장 정확한 기상 예측 모델을 보유한 유럽 중기 예보 센터(ECMWF)와 협업했다. 연구팀에 따르면 뉴럴 GCM은 기존의 기상 예보와 AI 기상 예보의 장점을 섞은 방식이다. 뉴럴 GCM은 ECMWF의 1980~2020년 기상 데이터를 학습해 기후를 예측한다. 그 결과 ECMWF보다 날씨 계산 시간이 최대 3분의 1 정도 짧아졌다.

일본 대형 슈퍼마켓 체인인 이온 리테일의 직원 교육 사례로 2024년 7월 점포 약 240곳에 '미소와 인사' 같은 대(對)고객 매너를 가르치는 AI 단말기 '스마일 군'을 도입했다. 스마일 군은 길쭉한 마이크처럼, 사람 눈높이에 디스플레이가 부착된 간단한 형태다. 직원들은 아침에 출근하면 스마일 군 앞에서 고객과 눈이 마주쳤을 때처럼 웃음을 짓고, 고개 숙여 인사하거나 인사말을 한다. 딱 30초의 짧은 시간이지만 스마일 군은 웃을 때 입꼬리가 제대로 올라갔는지, 목소리 톤은 충분히 높은지 등과 같은 피드백을 직원들에게 전해 준다. 코로나 팬데믹 때 고객과 거리를 유지했던 정책 탓에 현장 직원들에게 고객 매너 교육을 제대로 하지 못했던 것이 도입 배경이다. 신입은 물론이고 기존 직원들도 현장에서 고객에게 인사하지 않는 경향이 커져 '항상 친절한 슈퍼마켓'이라는 이미지가 흔들린다는 것이다. 인공지능에게 매너 교육을 받는데 대한 직원들의 거부감은 예상 외로 적었으며, 오프라인 점포에서 엣지 AI(대형 컴퓨터가 아니라 현상의 일반 컴퓨터로 데이터를 처리하는 인공지능)로 웃는 얼굴과 발성 교육을 실시하는 시도는 세계 최초 사례라고 한다.

AI 기술 개발 및 기술 진보와 활용 과정에서 발생하는 윤리적 이슈와 문제는 어떻게 해결해야 하는가? AI의 발전은 많은 혜택을 제공하지만, 동시에 다양한 윤리적 이슈를 야기하고 있다. 이러한 문제들을 해결하기 위해서는 윤리적 원칙을 확립하고, 투명성, 책임성, 공정성 등을 보장하는 규제와 정책이 필요하다. 또한 AI 기술 개발자는 이러한 윤리적 고려 사항을 항상 염두에 두고 AI 시스템을 설계하고 운영해야 한다. 이러한 AI 기술 개발 및 기술 진보와 활용 과정에서 발생하는 윤리적 이슈와 문제를 해결하기 위한 다양한 접근을 시도하고 있다. 인간은 인격을 보호하기 위해 인권을 갖고 있지만, 인간같이 보고, 듣고, 대화하는 인공지능은 인간의 인권과 같은 AI 윤리 및 윤리 가이드가 필요하다는 점에 주목하고 있다.

유럽의 경우 인권에 대한 논의는 오랜 역사를 보유하고 있으며, 다양한 철학자와 사상가들이 인권의 개념과 근거, 범위에 대해 논의해 왔다. 영국의 철학자 존 로크(John Locke, 1632~1704)는 자연권 이론, 즉 모든 인간은 태어날 때부터 생명, 자유, 재산에 대한 자연적 권리를 가지고 있다고 주장했다. 특히 정부의 역할은 인권을 보호하는 것이며, 정부가 인권을 침해하는 경우에는 반항할 권리가 있다고 했다. 프랑스의 철학자 장자크 루소(Jean-Jacques Rousseau, 1712~1778)는 사회 계약 이론, 즉 인간은 사회를 형성하기 위해 자연적 권리를 포기하고 사회 계약을 통해 새로운 권리를 얻는다고 주장했다. 사회 계약은 일반 의지에 기반해야 하며, 사회 계약을 위반하는 정부에 대해서는 반항할 권리가 있다고 했다. 독일의 철학자 이마누엘 칸트(Immanuel Kant, 1724~1804)는 도덕법 이론, 즉 모든 인간은 이성적 존재로서 존엄성을 가지고 있으며, 인간은 도덕법에 따라 행동해야 한다고 주장했다. 인권은 인간의 존엄성에서 비롯하는 기본적인 권리이자 절대적인 권리라고 주장했다. 영국의 철학자 존 스튜어트 밀(John Stuart Mill, 1806~1873)은 공리주의 이론, 즉 행동의 결과가 가져오는 총 행복의 양에 따라 행동의 정당성을 판단해야 한다고 주장했다. 개인의 자유를 존중하는 것이 최대의 행복을 가져오므로, 인권은 개인의 자유를 보호하는 데 중요한 역할을 한다고 했다.

이러한 인권 사상을 기반으로 정보화 시대에 인간 존중의 제도적 장치인 인권을 보호하기 위해서, 유럽 연합은 기본권 헌장(European Charter of Fundamental Rights)과 유럽 인권 협약(European Convention on Human Rights)을 바탕으로 개인의 개인 정보를 보호하는 것이 인권의 핵심 부분임을 강조한다. 구체적으로 EU GDPR(General Data Protection Regulation)은 데이터 보호 및 프라이버시를 강화하기 위한 법적 프레임워크로, 주로 EU 주민들의 개인 데이터를 다루는 모든 기관과 기업에 적용되고 있다. GDPR은 데이터 주체인 개인의 권리를 보호하고, 데이터 처리의 투명성을 보장하며, 개인 정보 보호를 통해 인권 존중을 강화하고 있다.

GDPR은 개인 데이터 보호를 위한 법적 규정을 제공하며, 인공지능 시스템이 개인 프라이버시를 어떻게 보호해야 하는지에 대한 가이드라인을 제공하고 있다. 그 결과 2024년 세계 최초로 '인공지능법'을 유럽 의회에서 승인하게 되었다. 유럽의 '인공지능법'은 AI의 군사적 활용을 제외한 상황이다. 미국, 중국, 러시아, 영국, 이스라엘 등 주요 무기 공급국 간 군비 경쟁이 심화하면서, 군사 AI 규제에 미온적이라는 현실적 한계가 있다.

AI 불평등 및 AI 윤리와 자본주의 시장 경제의 지속적인 성장 지표인 ESG 지표와 연계성을 어떻게 구현해야 하는가? AI 윤리와 ESG는 기업의 장기적인 성공과 지속가능성을 위한 필수 요소다. 기업이 다양한 경영 전략을 활용해 AI 윤리와 ESG를 실천하고, 윤리적이고 책임감 있는 방식으로 AI 기술을 개발 및 활용해야 한다는 측면에서 매우 중요한 이슈로 부상하고 있다. 매킨지(McKinsey)가 2023년 발표한 『AI 윤리와 ESG: 지속 가능한 미래를 위한 파트너십(AI Ethics and ESG: A Partnership for Sustainable Future)』 보고서는 AI 윤리와 ESG의 중요성을 강조하고, 기업들이 두 가지를 조화롭게 발전시키기 위한 전략을 제시하고 있다.

AI 윤리와 ESG에 대한 이해를 높이고, 글로벌 혁신 기업들이 윤리적이고 지속 가능한 성장 방식으로 AI 기술 활용을 강화하고 있다. 따라서 인공지능 윤리(AI Ethics)는 인공지능 기술이 인간에게 긍정적인 영향을 미치고, 인간의 존엄성과 가치를 존중하는 방향으로 발전할 수 있도록 하는 데 중요한 역할을 한다.

또한 글로벌 혁신 기업들은 윤리적이고 지속 가능한 성장 패러다임으로 AI 기술 혁신을 주목하고 있다. 글로벌 빅 테크 기업들은 AI 윤리에 대응하기 위해 다양한 노력을 기울이고 있다. 각 기업마다 다르지만 일반적으로 주요한 몇 가지 접근 방식과 사례들을 설명할 수 있다. 첫째, 윤리적 원칙과 가이드라인 수립이다. 대부분의 빅 테크 기업들은 AI의 윤리적 사용을 위해 내부적으로 원칙과 가이드라인을 수립하고 있다. 이러한 가이드라인은 공정성과 투명성, 프라이버시 보호, 사회적 영향 평가 등을 AI 윤리의 주요 주제로 인식하고 있다. 둘째, 기업들은 외부 전문가들과 협력해 AI 윤리에 대한 다양한 측면을 검토하고 있다. 이러한 협력을 통해 다양한 시각과 전문 지식을 통합해 보다 효과적인 윤리적 가이드라인을 개발하고 있다. 셋째, 빅 테크 기업들은 AI 윤리와 관련한 연구와 개발을 촉진하기 위해 자체 연구소를 운영하거나, 외부 연구 기관과 협력한다. 이를 통해 AI 기술의 윤리적 문제를 깊이 있게 이해하고, 적절한 해결책을 모색한다. 넷째, 기업들은 AI 기술의 사례 연구를 통해 윤리적 문제를 예시로 제시하고, 이를 공개함으로써 투명성을 제고하고 있다. 이러한 접근은 기술 개발과 동시에 사회적 책임을 다하는 데 기여하고 있다. 다섯째, 글로벌 기업들은 다양한 국가와 지역의 규제 요구 사항을 준수하기 위해 노력하고 있다. AI 기술을 사용하는 환경과 관련한 법적 요구 사항을 이해하고, 이에 맞춰 기술 개발과 운영을 조정한다.

대표적인 사례로 '구글의 AI 윤리'가 있다. 구글은 AI 원칙과 가이드라인을 보유하고 있다. 구글은 AI 사용의 기본 원칙을 제정하고 있으며, 이는 투명성, 사용자 권리, 공정성, 안전성 등을 강조한다. 또한 구글은 AI 윤리 위원회를 설립했다. 과거 구글은 외부 전문가들로 구성된 AI 윤리 위원회를 설립했으나, 논란이 있어 해체했다. 그러나 구글은 여전히 AI 윤리에 대한 논의를 지속하고 있다. 구글은 자체 연구와 사례 연구를 통해 AI 기술의 윤리적 측면을 이해하고 공개함으로써 투명성을 제고하고 있다. 이와 같은 노력들은 충분하지는 않지만 빅 테크 기업들이 AI 기술의 발전과 동시에 사회적 책임을 다하는 데 중요한 역할을 하고 있음을 보여 주고 있다.

표 1. 인공지능에 대한 전문가들의 경고

출처: 한국과학기술정보연구원(2024), "인공지능 윤리(AI Ethics): 인간과 인공지능의 조화로운 공존 방안", ≪KISTI Issue Brief≫, 제68호, p.4, p.13. 이용해 재작성

구분	내용
일론 머스크 (Elon R. Musk)	o "2029년에는 AI가 아마도 모든 인간을 합친 것보다 똑똑해질 것이다." o "인간보다 지능화된 로봇이 궁극적으로 독재자가 될 가능성이 있다." o 창조 주체인 인간보다 더 강력한 지능을 지닌 인공지능의 '초지능성'에 대해서도 경고했다.
스티븐 호킹 (Stephen W. Hawking)	o 인류가 AI에 대처하는 방법을 익히지 못한다면 AI 기술은 인류 문명사에서 최악의 사건이 될 것이다. o "생물학적 두뇌와 컴퓨터 연산에서 성취되는 것 사이에 큰 간극이 있다고 보지 않는다. 이론적으로 컴퓨터는 인간의 지능을 모방하고 초월할 수 있다." o "인공지능이 제대로 규제되지 않고 발전한다면 인류의 종말을 초해할 수 있다." o "생물학적 진화가 느린 인간은 인공지능과 경쟁할 수 없고 결국 대체될 수 있다."
에릭 슈미트 (Eric E. Schmidt)	o AI가 실존적 위험을 초래할 수 있다. 실존적 위험이란 아주 많은 사람이 해를 입거나 죽임을 당하는 것으로 정의할 수 있다.
제프리 힌턴 (Geoffrey E. Hinton)	o AI 개발을 멈추기에는 이미 늦었다. 곧 인간의 능력을 능가할 수 있다. 10년 내에 자율적으로 인간을 죽이는 로봇 병기가 등장할 것으로 본다.
요슈아 벤지오 (Yoshua Bengio)	o AI의 발전 속도를 알아차렸다면 효용성보단 안전성을 우선시했을 것이다.
샘 올트먼 (Samuel H. Altman)	o 국제원자력기구(IAEA)와 같이 AI 문제를 감시 · 규제할 국제기구가 필요하다.
빌 게이츠 (William H.	o "초지능에 대해 우려하고 있다. 일단 기계는 인류에게 많은 일을 해 줄 것이며 초지능이 되지는 않을 것이다. 그러나 수십

구분	내용
Gates Ⅲ)	년이 지난다면 인공지능은 우려 대상이 될 수 있다. 나는 일론 머스크를 비롯한 몇몇 사람들의 우려에 동의한다."
스티브 워즈니악 (Stephen G. Wozniak)	o "인간은 로봇의 애완동물이 될 것." o "소름 끼치는 미래가 열릴 수 있다는 점에, 인류에게 나쁜 결과를 초래할 수 있다는 점에 동의한다." o "만약 기계가 사람들을 온통 돌보도록 한다면 기계는 궁극적으로 인류보다 더 빠르게 생각할 수 있을 것이다. 그러고는 느린 인간을 제거해 기업을 더 효율적으로 경영할 수 있다고 판단할 수 있다."
얀 탈린 (Jaan Tallinn)	o "오늘날의 AI 열풍에는 다소 다른 점이 있다. AI를 통해 수익을 창출할 수 있다는 점이다. 가령 순위 알고리즘을 1% 향상하면 구글은 수억 달러를 즉각적으로 벌어들일 수 있다. 인공지능 모니터링 메커니즘을 구체적으로 생각하기에는 아직 이르다고 본다." o "현재로서는 업계와 학계에서 공포심을 자극하는 것이 무엇인지 합의해 가는 것이 중요하다고 본다."
퓨처오브라이프 연구소 (Future of Life)	o (AI에 대한 공개서한) "잠재적인 함정을 피하면서 이익을 얻어 내는 방법을 연구하는 것이 중요하다. AI 시스템은 인류가 원하는 것을 하도록 해야 한다." o (AI에 대한 공개서한) "현재 인공지능 연구가 꾸준히 진행 중이며 사회에 미치는 영향이 증가할 것이라는 폭 넓은 공감대가 형성되고 있다." o (AI에 대한 공개서한) "잠재적 이익은 엄청날 수 있다. 사실이 문명 기술이 제공하는 모든 것은 인간 지능의 산물이다. 이 인공지능 기술이 제공하는 도구로 인해 지능성이 증폭될 때 어떤 성취가 있을지 우리는 예측할 수 없다. 질병과 빈곤의 퇴치가 달성 불가능한 문제가 아니다." o (자율 무기에 대한 공개서한) "AI 무기 경쟁이 인류에게 결코 유익하지 않을 것이라고 본다. 인간의 통제를 넘어서는 공격적 자율 무기를 금지해야만 한다고 결론지었다."
구글 딥마인드와 OpenAI 전현직 직원들	o 인공지능 기술의 위험성에 대한 경각심을 일깨우며, 내부 고발자 보호책 마련을 촉구하는 공개서한을 발표. o 2023년 3월 발표된 서한을 반영한 것으로, 당시 150여 명의 주요 AI 연구자들이 AI 시스템에 대한 독립적인 평가를 요청하며 기본적인 보호 조치의 필요성을 제기한 바 있다.

구분	내용
	2023년 5월에는 수백 명의 업계·전문가들이 AI의 무분별한 개발이 초래할 수 있는 위험에 대해 경고하며 통제를 촉구하는 서한을 발표했다.
1100명 이상의 IT 업계 리더 및 학자들	o 'Pause Giant AI Experiments: An Open Letter(2023.03.22).' - AI 개발을 일시 중단해 AI의 발전 속도를 늦출 것을 제안. - AI 기술 발전으로 인한 AI 통제 불능 상태, 인류의 멸종 가능성을 경고하고, 이를 규제할 국제기구의 필요성 언급.
로만 얌폴스키 (Roman Yampolski y)	o 100년 안에 AI가 인류를 파괴할 확률을 99.9%로 전망했다. o AI의 완전한 통제는 사실상 불가능하기 때문에 안전성과 관련한 문제가 발생할 수밖에 없다는 것이다.
레이먼드 커즈와일 (Ray Kurzweil)	o 2045년 AI가 모든 인간의 지능을 뛰어넘는 특이점이 올 것이라고 예견했다. o 그의 저서 『특이점이 온다(The Singularity Is Near)』(2005)에서 2025년 인간과 같은 지능을 가진 인공지능이 등장한다고 수상했다. o 2024년 6월 출간한 『특이점이 더 가까이 온다: 우리가 AI와 결합할 때』에서 2029년 인공지능이 인간 수준의 지능에 도달하고 2045년까지 인간과 합쳐질 것이라고 예측했던 이전 책의 두 가지 주요 날짜를 반복했다. 그는 이를 '특이점'이라고 불렀다.

결론적으로 2024년 8월 'AI 법'이 세계 최초로 EU에서 발효됨에 따라, 'AI 윤리'를 AI로 발생하는 부정적 이슈와 문제에 대한 규제로 인지해야 하는가, 아니면 AI 기술 혁신 활성화 및 산업 경제 발전을 촉진하는 제도 및 지침으로 인지해야 하는가를 선택하기 위한 다양하고 체계적인 조사 · 연구 · 분석 진행과 글로벌 공감대가 필요하

다. 또한 기술적으로는 주요 국가들과 글로벌 빅 테크 기업들이 양자 기술 개발로 AI 윤리 이슈와 문제 등을 해결하려고 많은 투자를 하고 있다.

참고문헌

SK쉴더스(2023). 『2023.4Q KARA 랜섬웨어 동향 보고서』.

김용환 · 임희정(2021). 『AI(인공지능) 시대의 데이터 경제학』. 청람출판사.

김용환 · 임희정(2021). 『빅데이터 분석: 코로노믹스(Coronomics) 사례』. 청람출판사.

김용환 · 임희정(2024). 『AI(인공지능) 경영론』. 청람출판사.

김용환 외(2023). 『포스트 휴먼과 융합』. 한울아카데미.

김용환(2022). 『연구윤리포럼』. 연구재단.

김용환(2023). 『연구부정 의심행위 조사 검증 매뉴얼』. 연구재단.

김용환(2024). 양자산업 트렌드와 시장분석. 혁신클러스터학회 추계학술대회.

김용환(2024). 『양자경제와 AI 산업혁신』. KIST.

임대준(2024.8.14). 구글, AI음성비서 '제미나이 라이브' 출시...GPT-4o '고급 음성 모드'에 대응. AI타임스. https://www.aitimes.com/news/articleView.html?idxno=162499

정보통신정책연구원(2022). 『2022 인공지능 윤리기준 실천을 위한 자율점검표(안)』.

정한영(2024.8.12). JP모건 체이스, 6만 명의 직원에게 제공된 'AI 비서' 업무 혁신 가속화... 금융원 '인공지능 시대' 앞당긴다. AI타임스. https://www.aitimes.kr/news/articleView.html?idxno=319

35
조선일보와 한국경제 및 AI타임스 등 주요 언론 기사들 참조.

한국과학기술정보연구원(2024). 인공지능 윤리(AI Ethics): 인간과 인공지능의 조화로운 공존 방안. ≪KISTI Issue Brief≫, 68쪽.

한국지능정보사회진흥원(2024). 해외 주요국의 AI 규제 거버넌스 현황 및 시사점.

arXiv(2024.7.4). Delving into ChatGPT usage in academic writing through excess vocabulary. https://arxiv.org/abs/2406.07016

Google(2024.3.27). 2023 Ads safety report.

Hunkenschroer, Anna Lena & Kriebitz, Alexander(2022). Is AI recruiting (un)ethical? A human rights perspective on the use of AI for hiring. *AI and Ethics*, 3, pp.199-213. https://doi.org/10.1007/s43681-022-00166-4

Jones, Kate(2023). AI governance and human rights. *International Law Programme*, January. https://doi.org/10.55317/9781784135492

Kochkov, D., et al.(2024.7.22). Neural general circulation models for weather and climate. *Nature*. https://doi.org/10.1038/s41586-024-07744-y

Kurzweil, Ray(2024). *The singularity is nearer: When we merge with AI*. Penguin Books.

McKinsey(2023). AI ethics and ESG: A partnership for sustainable future.

McKinsey(2023.4). What is AI?.

McKinsey(2024). Quantum technology monitor.

McKinsey(2024.4.2). What is generative AI?. https://www.McKinsey.com/featured-insights/McKinsey-explainers/what-is-generative-ai

McKinsey(2024.4.3). What is AI(artificial intelligence)?. https://www.McKinsey.com/featured-insights/McKinsey-explainers/what-is-ai

McKinsey(2024.8). What is digital transformation?.

Prabhakaran, Vinodkumar, et al.(2022). A Human rights-based approach to responsible AI.

Wong, Pak-Hang(2020). Cultural differences as excuses? Human rights and cultural values in global ethics and governance of AI. *Philosophy & Technology*, 33, pp.705-715. https://doi.org/10.1007/s13347-020-00413-8

01
AI 윤리 가이드

유엔을 비롯한 국제기구뿐만 아니라 주요 국가 및 EU에서 AI 윤리에 관한 가이드라인을 제도적으로 법규화하고 있다.
AI 윤리 가이드는 AI 기술의 책임성, 투명성, 공정성, 개인 정보 보호 및 안전성 등을 보장하고자 하는 것이다. 이를 통해 AI 기술이 신뢰받고 안전하게 사용될 수 있는 환경을 마련하고자 한다.

AI와 1인 창업?

배경과 필요성

애플 CEO 스티브 잡스가 2007년 스마트폰 아이폰을 공개하면서, 모바일에서 다양하고 엄청난 데이터가 발생해 2010년대부터 빅 데이터 시대로 진입했다. 모바일 중심 빅 데이터의 저장 · 분류 · 분석 · 활용이 가능해지면서, 2008년 에어비앤비(Aibnb)와 2009년 우버(Uber)라는 새로운 공유 서비스 모델이 제공되었다. 다양한 빅 데이터의 활용은 AI 기술과 연계하면서 급격히 발전했다. AI 사용이 일반화하면서, 'AIaaS(AI as a Service)와 AI 에이전트 시대'로 진입했고, 다양한 AI 에이전트가 인간의 업무를 대체하고 있는 상황이다. AI 에이전트는 인공지능 기술을 기반으로 사용자를 대신해 자율적으로 작업을 수행하고 의사 결정을 내리는 소프트웨어 시스템이며, AI 에이전트는 환경을 인식하고 정보를 처리하며 학습을 통해 성능을 개선해 다양한 업무와 과제를 효율적으로 처리하고 있다.

특히 AI 바둑 소프트웨어인 알파고, 단백질 구조 분석 알파폴드 등과 함께, 2017년부터 구글이 제공한 언어 모델인 트랜스포머(Transformer)와 듀플렉스(Duplex) 및 제미나이(Gemini), 오픈AI의 지피티(GPT)와 챗지피티(ChatGPT), MS의 빙(Bing)과 코파일럿(Copilot) 등은

'AI 중심 사회'로 급속히 변화하도록 하고 있다. 머신 러닝, 딥러닝, 자연어 처리, 자율 주행 등 다양한 분야에서 AI는 인간의 능력을 보완하거나 대체하며 그 영향력을 확장하고 있다. AI 기술의 발전으로 인해 의료, 금융, 교통, 제조업 등 다양한 산업에서 혁신적인 변화가 일어나고 있다. AI 기술은 방대한 양의 데이터를 처리하고 분석하는 데 사용되므로, 개인 정보 보호 문제가 중요한 쟁점으로 떠오르고 있다. AI 윤리 가이드는 개인 정보 보호를 위한 원칙과 절차를 명시해, 사용자들의 프라이버시를 보호해야 한다는 의식이 발생하게 되었다.

다양한 AI 기술이 사회 전반에 걸쳐 깊숙이 침투하면서, 그로 인한 긍정적 효과와 부정적 영향이 동시에 나타나고 있다. 예를 들어, AI는 의료 분야에서 진단 정확도를 높이고, 제조업에서 자동화 확대와 생산성을 증가시키는 등 긍정적인 영향을 미치고 있다. 반면, 개인 정보 침해, 편향된 알고리즘, 급격한 고용 구조의 변화와 일자리 감소 등 부정적인 영향도 우려되고 있다. 이러한 문제들은 AI가 사람들의 일상생활과 밀접하게 연결되어 있기 때문에 더욱 중요하게 다뤄지고 있다. AI 기술이 다양하게 발전함에 따라, 이를 적절히 규제하고 관리하기 위한 법적, 윤리적 기준의 필요성이 대두하고 있다. 특히,

개인 정보 보호, 공정성, 투명성 등의 문제는 AI 기술을 개발하고 적용하는 데 중요한 요소로 부각되고 있다. AI 알고리즘의 작동 방식은 종종 "블랙박스"로 비유되곤 하는데, 이는 알고리즘이 어떻게 결론에 도달했는지 이해하기 어려움을 의미한다. AI 윤리 가이드는 이러한 알고리즘의 투명성을 높여, 사용자와 이해관계자들이 AI의 결정을 이해하고 신뢰할 수 있도록 해야 한다. 또한 AI 시스템이 자율적으로 의사 결정을 내릴 수 있게 됨에 따라, 그 결정에 대한 책임 소재가 모호해질 수 있다. 따라서 AI 윤리 가이드는 이러한 책임성을 명확히 하고, 시스템 개발자와 사용자 모두가 책임을 공유할 수 있도록 해야 하며, 이를 통해 AI가 내리는 결정이 공정하고 신뢰할 수 있도록 보장해야 한다.

2024년 12월 국제 학술지 ≪네이처≫는 지난 2년간 챗지피티가 연구 환경을 어떻게 바꿨는지 분석한 결과를 발표했다. 과학자 대다수는 논문 작성, 문헌 검토, 코드 작성 등에 AI를 활용 중인 것으로 조사됐다. 국제 학술 출판사 '와일리'에 따르면, 연구자 1043명 중 81%가 개인적 · 직업적으로 챗지피티를 사용했다고 응답했다. 응답자의 약 75%는 연구자가 AI 기술을 습득하는 것이 중요하다고 했다. 네이처는 챗지피티가 학계에서 가장 인기 있는 도구가 됐다고 설명했다. 2023년 AI의 도움을 받아 작성된 논문이 6만 건 이상이라는 연구도 소개했다. 이는 연구팀이 조사한 논문의 1%에 해당하는 규모다. 생물학, 의학, 컴퓨터 과학 분야 논문 초록의 10% 이상이 AI의 도움으로 작성된 것으로 추정된다. ≪네이처≫는 챗지피티를 통해 비영어권 국가의 영어 논문 질이 개선됐다고 설명하면서도, AI가 거짓을 말하는 환각 문제는 아직 남아 있다고 했다.

이와 같이 학술 논문 작성에 AI 활용이 일반화되었고, AI 윤리라는 관점에서 '약탈적 학술 공장(Predatory mills)' 이슈가 발생하고 있다. 특히 predatoryreports.org(2024)는 학술 출판에서 약탈적 학술 공장은 논문 공장(Paper Mills), 리뷰 공장(Review Mills), 인용 공장(Citations Mills)이라는 세 관행에 의해 이루어지고 있다고 주장한다. 이 세 가지 관행은 서로 긴밀하게 관련되어 있으며, 서로 보완적인 형태를 띠고 있다. 2024년 연구재단 보고서에 따르면, 약탈적 학술 공장에서 가장 핵심인 논문 공장은 질이 낮거나 허위로 학술 논문을 만들어 내고 해당 논문의 저자를 판매하는 일을 맡고 있다. 이렇게 생산하고 판매한 논문이 출판이 될 수 있도록 하는 데 핵심이 되는 역할은 리뷰 공장이 맡게 된다. 리뷰 공장은 논문 출판의 핵심인 동료 심사를 조작하거나 투고된 논문이 학술지에 쉽게 게재될 수 있도록 논문 심사자에게 뇌물을 제공하기도 한다. 마지막으로 인용 공장은 논문에 비용을 지불할 의향이 있는 특정 연구자의 영향력을 인위적으로 올리기 위해 과학 논문의 인용을 조작하는 역할을 하는데, 논문 공장에서 출판한 논문을 인용하는 방법으로 해당 연구자의 학문적 영향력, 특히 계량적 영향력을 부풀린다.

이러한 상황에서 EU, 여러 국가와 국제기구들은 AI 윤리에 관한 가이드라인을 제정하고 있으며, 학술 단체와 기업들도 자율적으로 윤리 강령을 마련하고 있다. AI 윤리 가이드는 AI 기술의 책임성, 투명성, 공정성, 개인정보 보호 등을 보장함으로써 AI 기술이 사회적으로 긍정적인 영향을 미치고, 부정적인 영향을 최소화하는 데 중요한 역할을 해야 한다. 따라서 AI 기술의 발전과 더불어 윤리적 가이드라인의 필요성과 중요성은 점점 더 커지고 있으며, 이를 통해 AI 기술이 신뢰받고 안전하게 사용될 수 있는 환경을 마련해야 한다.

특히 2024년 8월 'AI 법'이 세계 최초로 EU에서 발효됨에 따라, 'AI 윤리 가이드'를 AI로 발생하는 부정적 이슈와 문제에 대한 규제로 인지해야 하는가, 아니면 AI 기술 혁신 활성화와 산업 경제 발전을 촉진하는 제도 및 지침으로 'AI 윤리 가이드'를 인지해야 하는가를 선택하기 위한 다양하고 체계적인 조사·연구·분석 진행과 글로벌 공감대가 필요하다. 한편 주요 국가들과 글로벌 빅 테크 기업들이 양자 기술 개발로 AI 윤리의 다양한 이슈와 문제 등을 해결하려고 많은 투자를 하고 있다.

주요 특징

AI 윤리 가이드는 AI 기술의 책임성, 투명성, 공정성, 개인 정보 보호 등을 보장함으로써 AI 기술이 사회적으로 긍정적인 영향을 미치고, 부정적인 영향을 최소화하는 데 중요한 역할을 해야 한다. AI 윤리 가이드의 주요 특징은 다음과 같이 설명할 수 있다.

첫째, AI 윤리 가이드는 인간 중심성(Human-centricity)으로 개발하고, 책임성(Responsibility)을 구체적으로 명확히 해야 한다. 인간 존중을 기반으로 해서 AI 기술이 인간의 가치를 중심으로 개발되고 활용되도록 해야 한다. 인간 존중을 기반으로 개발된 AI가 인간의 능력을 보완하고, 사회적 가치를 증진하는 방향으로 사용되도록 해야 한다. 아울러 AI 시스템의 개발과 운영에 대한 책임성을 명확히 함으로써, 문제가 발생했을 때 책임 소재를 분명히 하는 것이다. 개발자, 사용자, 기업 모두에게 적용되는 것이다. 예를 들어, AI 시스템이 잘못된 의사 결정을 내렸을 경우, 해당 시스템을 개발한 기업이 책임을 지도록 명확히 규정하는 것이다.

둘째, AI 윤리 가이드는 투명성(Transparency)을 공개해, 공정성(Fairness)과 신뢰성을 높여야 한다. AI의 의사 결정 과정을 이해할 수 있도록 알고리즘과 데이터 사용 방식을 공개하는 것이다. 사용자와 이해관계자들이 AI의 결정을 신뢰할 수 있도록 지원해야 한다. 일반적으로 빅 데이터 기반 AI 알고리즘의 작동 방식은 투명하게 설명하는 것에 한계가 발생해 "블랙박스"로 설명하는데, 이는 알고리즘이 어떻게 결론에 도달했는지 이해하기 어려움을 현실적으로 표현하는 것이다. 예를 들어, AI 모델의 작동 방식을 설명하는 문서를 제공하고, 주요 결정에 대한 설명 가능성을 확보해야 한다. 또한 AI 시스템이 특정 집단이나 개인에 대해 편향되지 않도록 설계하고 운영해야 한다. 공정성을 위해 다양한 데이터를 사용하고, 알고리즘 편향성을 점검해야 한다. 예를 들어, 채용 AI가 성별, 인종, 나이 등의 요소에 따라 차별하지 않도록 알고리즘을 공정하게 설계하는 것이다.

셋째, AI 윤리 가이드는 프라이버시(Privacy)를 보호해야 하고, 안전성(Safety)을 담보하는 제도 및 규제가 필요하다. 인간 존중을 기본으로 해서, AI 시스템이 수집하고 처리하는 데이터에 대한 프라이버시를 보호해야 한다. 이를 위해 데이터 최소화, 익명화, 데이터 보호 기술 등을 사용할 수 있다. 예를 들어, 사용자 데이터를 수집할 때 명확한 동의를 구하고, 민감한 정보를 익명화해 사용해야 한다. 또한 AI 시스템이 안정적으로 작동하고, 예기치 않은 위험을 초래하지 않도록 보장해야 한다. 제도적으로 철저한 테스트와 모니터링을 실시해야 한다. 예를 들면, 자율 주행차 AI가 도로 교통 상황에서 안전하게 작동하도록 지속적인 업데이트와 테스트를 해야 하는 것이다.

참고문헌

김용환 외(2023). 『포스트 휴먼과 융합』. 한울아카데미.

김용환(2023). 『연구부정 의심행위 조사 검증 매뉴얼』. 연구재단.

김용환(2024). 양자산업 트렌드와 시장분석. 혁신클러스터학회 추계학술대회.

김용환(2024). 『양자경제와 AI 산업혁신』. KIST.

김용환 · 임희정(2021). 『AI(인공지능) 시대의 데이터 경제학』. 청람출판사.

김용환 · 임희정(2021). 『빅데이터 분석: 코로노믹스(Coronomics) 사례』. 청람출판사.

김용환 · 임희정(2024). 『AI(인공지능) 경영론』. 청람출판사.
김용환(2022). 『연구윤리포럼』. 연구재단.
유네스코(UNESCO)(2021.11.28). 인공지능(AI) 윤리 권고.
조선일보(2024.9.20). 유엔이 나섰다. "AI 위협, 기업은 해결 못해 … 세계가 뭉치자".
조선일보와 한국경제 및 AI타임스 등 주요 언론 기사들 참조.
한국연구재단(2024), 논문공장(Paper Mill) 관련 이슈와 대응, ISSUE REPORT 2024년 4호.
한국지능정보사회진흥원(2024). 해외 주요국의 AI 규제 거버넌스 현황 및 시사점.
EU 집행위원회(2019). 신뢰할 수 있는 AI 윤리 가이드라인(Ethics guidelines for trustworthy AI).
G7(2023.10). Hiroshima process international code of conduct for organizations developing advanced AI systems.
McKinsey(2024). Quantum technology monitor.
OECD(2019.5). OECD AI 원칙(OECD AI Principles).
ROK(2024.5.21). AI Seoul summit.
UK(2023.11). AI safety summit(at Bletchley Park).
UN General Assembly(2021.3.21). Resolution on artificial intelligence.
UN(United Nations, 1948.12.10). Universal declaration of human rights(UDHR).

02
AI 윤리의 국제 협력

유엔을 비롯한 국제기구뿐만 아니라 주요 국가 및 EU는 AI 윤리와 관련한 다양한 접근과 변화를 직면하고 있다. 특히 2025년 미국 트럼프 정부의 출범과 파리 AI 정상 회의 진행 과정에서 대두한 AI 기술 혁신 선도, 새로운 산업 발전 패러다임과 이슈들에 대해 대부분의 국가들이 적극적으로 대처하고 있다.

AI와 MBTI?

AI 윤리의 국제 협력 사례들

보스턴 컨설팅 그룹(BCG: Boston Consulting Group)은 2024년 12월 전 세계 73개국의 AI 준비도를 평가하기 위한 종합 분석 도구인 'AI 성숙도 매트릭스'(AI Maturity Matrix)를 발표했는데, 동 매트릭스는 각국의 AI 도입 현황을 평가할 뿐만 아니라, AI 기술 기반 경제 발전의 잠재력에 대한 심층 분석을 제공하고 있다. BCG 보고서에 따르면, 전 세계 AI 관련 지출 규모는 2028년까지 약 6320억 달러(약 840조 원)를 상회할 것으로 전망되며, 이는 2024년 대비 약 2배 이상 증가한 수치다. 아울러, BCG는 AI 경제 발전 수준을 AI 선도국(AI Pioneer), 안정적 경쟁국(Steady Contenders), 신흥 경쟁국(Rising Contenders), 점진적 실행국(Gradual Practitioners), 노출된 실행국(Exposed Practitioners), AI 신흥국(AI Emergents)으로 분류하고, 글로벌 AI 도입 현황을 체계적으로 분석하고 있다. 이러한 분류는 각국의 AI 통합 수준, 혁신 역량, 발전 잠재력을 종합적으로 반영한 것으로 특히 AI 선도국의 경우 기술력, 연구 개발(R&D), 생태계 구축, 투자 등에서 탁월한 역량을 보유하고 있어 여타 국가들의 벤치마킹 대상이 되고 있다. 평가 대상 73개국 중 AI 선도국으로 분류된 국가는 싱가포르, 영국,

캐나다, 미국, 중국인데, 이들 국가는 투자, 인프라, 혁신을 효과적으로 결합해 높은 수준의 AI 도입 수준을 보이고 있다.

구체적으로 AI 윤리와 관련한 국제 협력 사례로 전 세계의 정부, 국제기구, 학계, 산업계 등이 함께 노력해 인공지능 기술이 윤리적이고 책임감 있게 개발되고 사용되도록 하는 다양한 협력 활동을 하고 있다.

OECD AI 원칙

경제협력개발기구(OECD)는 2019년 5월에 42개국이 채택한 AI 원칙을 발표했다. 이 원칙은 다음과 같은 다섯 가지 주요 가이드라인을 포함하고 있다. 첫째, 포용적 성장, 지속 가능한 개발, 웰빙을 위한 AI다. 둘째, 인간 중심 가치 및 공정성이다. 셋째, 투명성과 설명 가능성이다. 넷째, 강력한 보안성과 안전성이다. 다섯째, 책임성이다. 이 원칙들은 AI 시스템이 사회적 가치와 일치하고, 윤리적 기준을 준수하며, 다양한 국가와 문화 간 협력을 촉진하는 데 중요한 역할을 한다.

유네스코(UNESCO)의 AI 윤리 권고안

유네스코는 2021년 11월에 AI 윤리에 관한 권고안을 채택했다. 이 권고안은 전 세계 193개 회원국이 합의한 결과로, AI 개발 및 사용에서 인간의 존엄성, 인권, 환경 지속 가능성 등을 강조한다. 주요 내용으로 인권 존중, 환경과 생태계 보호, 데이터 보호 및 프라이버시, 공정성 및 비차별성, 투명성과 책임성 등을 포함하고 있다. 이 권고안은 전 세계적으로 AI 윤리 기준을 설정하고, 각국 정부와 기업이 이를 준수하도록 촉구하는 데 기여하고 있다.

글로벌 파트너십

글로벌 파트너십(GPAI, Global Partnership on AI)는 2020년 6월에 출범한 다국적 이니셔티브로, 15개 창립 회원국이 참여하고 있다. 이 파트너십은 AI의 책임 있는 개발과 사용을 촉진하기 위해 학계, 산업계, 시민 사회, 정부가 협력하는 것을 목표로 한다. 주요 활동은 AI 윤리적 사용에 대한 연구 및 보고서 작성, AI의 사회적 · 경제적 영향 평가, AI 윤리적 문제 해결을 위한 글로벌 협력 촉진 등이다.

유럽 연합(EU)과 AI 윤리 가이드라인

정보화 시대에 인간 존중의 제도적 장치인 인권을 보호

하기 위해서, 유럽 연합은 기본권 헌장과 유럽 인권 협약을 바탕으로 개인의 개인 정보를 보호하는 것이 인권의 핵심 부분임을 강조한다. 구체적으로 EU GDPR (General Data Protection Regulation)은 데이터 보호 및 프라이버시를 강화하기 위한 법적 프레임워크로, 주로 EU 주민들의 개인 데이터를 다루는 모든 기관과 기업에 적용되고 있다. GDPR은 데이터 주체인 개인의 권리를 보호하고, 데이터 처리의 투명성을 보장하며, 개인 정보 보호를 통해 인권 존중을 촉진하고 있다. GDPR는 개인 데이터 보호를 위한 법적 규정을 제공하며, 인공지능 시스템이 개인 프라이버시를 어떻게 보호해야 하는지에 대한 가이드라인을 제공한다. 그 결과 유럽 연합은 2019년 "신뢰할 수 있는 AI를 위한 윤리 가이드라인"을 발표했다. 이 가이드라인은 유럽의 인간 존중 사상을 기반으로 인간 중심의 AI 개발을 촉진하고, AI 시스템의 투명성과 책임성을 보장하는 것을 목표로 한다. 주요 원칙은 인간의 자율성 존중, 손해 방지, 공정성 보장, 설명 가능성 등이다. 가이드라인은 EU 회원국뿐만 아니라 글로벌 차원에서 AI 윤리 기준을 설정하는 데 중요한 역할을 하고 있다.

IEEE 글로벌 AI 윤리 이니셔티브

국제 전기 전자 공학회(IEEE)는 AI와 자율 시스템의 윤리적 설계를 위한 "Ethically Aligned Design" 가이드라인을 개발했다. 가이드라인의 주요 원칙은 인간 중심 설계, 투명성과 설명 가능성, 프라이버시 보호, 공정성 및 비차별 등이다. IEEE는 전 세계 연구자와 엔지니어들이 이 가이드라인을 따르도록 장려하며, AI 윤리에 관한 국제적인 논의를 촉진하고 있다.

G7 AI 공동 선언문과 AI 프로세스의 AI 국제 행동 강령

G7 국가들은 2018년 AI의 윤리적 개발과 사용을 촉진하기 위해 공동 선언문을 발표했다. 이 선언문의 주요 원칙은 인간 중심의 AI, AI의 공정성 · 투명성 · 설명 가능성, AI를 통한 사회적 웰빙 증진, 국제 협력을 통한 AI 기술 발전 등이다. G7의 공동 선언문은 AI 윤리에 관한 국제 협력의 중요성을 강조하고, 회원국 간 협력을 강화하는 데 기여하고 있다.

또한 2023년 10월 발표한 G7의 히로시마 AI 프로세스의 AI 국제 행동 강령(International Code of Conduct for Advanced AI Systems)은 AI 기술의 책임감 있는 개발과 사용을 촉진하기 위해 G7 국가들이 합의한 최신 협력 이니셔티브다. 이 프로세스는 AI의 윤리적 문제와 규제 필요성을 다루고, AI가 사회에 미치는 영향을 최소화하며, 인류의 복지에 기여하도록 하는 것을 목표로 한다. 주요 목표로는 윤리적 AI 원칙 확립, 국제 협력 강화, 규제 및 표준화 추진, 사회적 영향 평가, 투명성과 책임성 강화, AI 혁신 촉진 등이다. 이를 위해 다음과 같은 구체적 조치 및 계획을 발표했다. 첫째, 연례 회의 개최다. G7 국가들은 정기적으로 AI 윤리와 규제에 관한 회의를 개최해 최신 동향을 공유하고, 공동 대응 방안을 논의한다. 둘째, 연구 협력 네트워크 구축이다. AI 윤리와 안전성에 관한 연구 협력 네트워크를 구축해, 학계와 산업계 간의 협력을 강화한다. 셋째, AI 윤리 교육 프로그램 지원이다. AI 윤리에 관한 교육 프로그램을 지원해, AI 개발자와 사용자들이 윤리적 문제를 이해하고 대응할 수 있도록 교육한다. 히로시마 AI 프로세스는 G7 국가들이 AI 기술의 윤리적이고 책임감 있는 개발과 사용을 보장하기 위해 협력하는 중요한 이니셔티브다. 이를 통해 AI 기술이 사회에 미치는 긍정적인 영향을 극대화하고, 잠재적인 위험을 최소화하는 데 기여할 것으로 전망된다.

AI 및 데이터 공유에 관한 싱가포르-프랑스 협력

싱가포르와 프랑스는 AI 윤리와 데이터 공유에 관한 협력을 강화하기 위해 양해 각서를 체결했다. 이 협력은 AI 윤리적 원칙 공유, AI 기술 및 데이터 관리에 관한 공동 연구, AI 개발 및 활용에서의 공정성, 투명성, 책임성을 보장 등을 목표로 한다. 이 양해 각서는 AI 기술이 글로벌 차원에서 책임 있게 개발되고 사용되도록 하는 데 중요한 역할을 한다.

유엔 인권 선언과 몬트리올 선언 및 2024년 AI 관련 결의

유엔 인권 선언(United Nations Universal Declaration of Human Rights, UDHR)은 인류의 기본적 인권과 자유를 보장하기 위해 유엔 총회에서 채택한 중요한 국제 문서다. UDHR은 1948년 12월 10일에 채택되었으며, 인간의 존엄성을 존중하고 개인과 사회의 자유와 권리를 증진하는 것을 목표로 한다. 이 문서는 국제 사회가 인권과 기본 자유를 존중하고 보호해야 한다는 원칙을 강조한다. UDHR은 국제 인권 법의 중요한 기초로 여겨지며, 많은 국가들이 이 문서의 원칙을 기반으로 자국의 법률과 정책을 개발하고 있다. 또한 유엔에서는 UDHR을 바탕으로 다양한 인권 문제에 대한 국제적인 토론과 대응을 진행하고 있다.

이러한 인권 존중 사상을 기반으로 몬트리올 선언(Montreal Declaration)은 인공지능의 윤리와 사회적 영향에 대한 국제적 합의문으로 발전했다. 2018년 12월 4일과 5일에 캐나다 몬트리올에서 열린 국제회의에서 채택되었는데, 몬트리올 선언은 인공지능 기술의 발전이 가지는 잠재적 위험과 도전 과제를 인식하고, 이를 해결하기 위한 국제적인 표준과 가이드라인을 제시하려고 했다. 특히 인공지능이 인간 생활의 거의 모든 측면에 영향을 미치고 있는 상황에서, 이 기술이 인간의 권리와 자유를 어떻게 존중하고 보호할 수 있는지에 대한 고민과 검토가 이루어졌다. 몬트리올 선언의 주요 내용은 다음과 같다. 첫째, 인공지능 개발과 채택에 인간의 존엄성, 자유, 권리, 인권의 보호가 우선시되어야 한다는 기본 원칙을 강조했다. 둘째, 인공지능 시스템의 설계, 개발, 운영 과정에서 윤리적 지침을 준수해야 하며, 특히 공정성, 투명성, 책임성 등의 가치를 고려해야 한다는 점을 강조했다. 셋째, 인공지능 기술이 사회적으로 어떤 영향을 미칠 수 있는지 사전에 예측하고, 이러한 영향을 최소화하기 위한 방안을 모색해야 한다는 내용을 포함한다. 넷째, 인공지능 기술의 개발과 채택에 다양한 문화적, 사회적 배경을 고려하고, 모든 사람들이 공정하게 혜택을 누릴 수 있도록 해야 한다는 원칙을 세우고 있다. 다섯째, 인공지능 윤리의 국제적 표준화와 협력을 촉진하며, 다양한 국가와 기관 간의 협력을 강화해야 한다는 방향을 제시했다. 따라서 몬트리올 선언은 인공지능이 빠르게 발전하는 시대에 필요한 윤리적, 사회적 가이드라인을 제공하고, 이를 통해 인간과 기술 사이의 건강한 관계를 유지하려는 노력으로 평가되고 있다.

2024년 3월 유엔 회원국들이 빠르게 발전하는 인공지능의 안전한 사용을 위해 국제적인 합의를 조속히 마련해야 한다는 내용의 결의를 만장일치로 채택했다. AI의 부작용을 최소화하는 동시에 저개발국에도 AI의 혜택이 돌아가도록 해야 한다는 내용을 담았다. 국제 사회가 193개 회원국 차원에서 AI 관련 결의를 공식 채택한 것은 이번이 처음이다. 유엔 회원국들은 이날 미국 뉴욕 유엔 본부에서 총회를 열고 미국 주도로 제출한 AI 관련 결의안을 표결 없이 컨센서스(전원 동의)로 채택했다. 전원 동의는 반대 의사를 표명한 회원국이 없을 때 합의된 것으로 간주하는 의사 결정 방법이다. 결의안은 AI 개발과 사용이 빠르게 가속화하고 있다는 점을 인식하고, 안전하고 신뢰할 수 있는 AI 시스템에 관한 국제 합의를 이루는 게 시급하다고 밝혔다. 적절한 안전장치 없이 AI를 사용하거나 국제법을 위배해선 안 된다는 점도 강조했다. AI를 부적절하거나 악의적으로 설계 · 개발 · 배포 · 사용해선 안 된다고 했다. AI 사용과 관련해 선진국과 신흥국 간 디지털 격차를 좁혀야 한다는 내용도 담았다. 신흥국도 AI의 혜택을 누릴 수 있는 기술과 능력을 갖추도록 도와야 한다는 것이다. 이 국가들은 질병 진단, 홍수 예방, 농업 생산성 향상, 직업 교육 등에서 AI 사용이 필요하다. 유엔 총회 결의는 국제법상 구속력은 없지만, 향후 국제 사회가 AI 관련 규제 등에 대한 논의를 하는 데 시작점이 된다는 의미가 있다.

2024년 9월 유엔 차원에서 인공지능 관련 글로벌 표준을 만드는 작업을 본격적으로 추진하게 되었다. 유엔의 인공지능 고위급 자문 기구(AIAB: Artificial Intelligence Advisory Body)는 『인류를 위한 인공지능 거버넌스』라는 제목의 보고서를 공개하고 글로벌 AI 거버넌스를 위한 7개 권고 사항을 공개했다. 이 자문 기구는 2023년 10월 안토니오 구테레스 유엔 사무총장이 직접 설립을 지시했다. 33개국 출신의 기술, 법률 및 데이터 보호 분야 전문가 39명으로 구성됐다. 이번에 나온 보고서는 앞으로 글로벌과 각국의 AI 규제나 규범에 청사진을 제공할 것으로 전망된다. 구체적으로 AIAB는 글로벌 차원에서 AI를 관리하기 위해 일곱 가지 권고 사항을 제시했다. 첫째는 AI 역량·위험·동향을 과학적으로 분석해 연례 보고서를 내는 AI 국제 과학 패널을 설립하자는 것이다. 유엔의 지원을 받는 이 패널은 회원국 간의 정보 비대칭성을 해소하는 데 도움이 될 수 있다. 패널에서 내는 보고서를 바탕으로 AI 개발사와 연구자, 정부 관계자들이 참여하는 대화체를 만드는 것이 두 번째 권고안이다. 국경을 초월해 AI를 효율적으로 관리하기 위해서 표준을 만드는 것도 제안했다. 기술 표준뿐만 아니라 공정성이나 신뢰성 등 정량화하기 어려운 지표의 표준도 포함된다. 예를 들어 허위·오류 콘텐츠에 관한 세계 공통의 표준을 갖고 있으면, 공공과 민간의 실시간 정보 공유를 통해 문제 콘텐츠가 확산되기 전에 즉시 삭제하고 신속히 대응할 수 있다. 또 국가 간 AI 격차를 해소하기 위해 개발도상국의 연구자에게 교육, 컴퓨팅, AI 데이터 세트를 제공하는 AI 역량 개발 네트워크를 구축하고 이를 위해 정부와 민간 기업이 자금을 내서 글로벌 AI 기금을 설립할 필요가 있다고 했다. 보고서는 마지막으로 이런 권고 사항을 이행하고 조율하기 위해 유엔 내에 소규모 AI 사무국을 구성할 것을 제안하고 있다.

AI 정상 회의

2023년 11월 영국 블레츨리 파크에서 개최한 AI 안전성 정상 회의(AI Safety Summit)는 AI 기술의 발전과 함께 제기되는 안전성 문제를 논의하기 위한 중요한 국제 회의였다. 정상 회의는 AI 기술이 사회와 경제에 미치는 영향을 긍정적으로 발전시키기 위해 글로벌 협력과 규제 프레임워크를 강화하는 것을 목표로 했다. 주요 성과로는 참가국들이 AI 안전성에 관한 공동 선언문을 채택해, AI 기술의 윤리적이고 안전한 개발과 사용을 위한 국제적 협력을 강화하기로 합의했다. AI 안전성 문제를 해결하기 위해 국제 AI 안전성 네트워크를 구축하기로 했다. AI 안전성을 보장하기 위한 구체적인 정책 및 규제 프레임워크도 개발하기로 했다.

그 외 AI 안전성과 윤리성에 대한 교육 프로그램을 확대하고, 일반 대중과 전문가들의 인식을 제고하기 위한 캠페인을 추진하기로 했다. 2023년 영국에서 개최된 AI 안전성 정상 회의는 AI 기술이 사회에 미치는 긍정적인 영향을 극대화하고, 잠재적인 위험을 최소화하기 위한 글로벌 협력과 규제의 필요성을 강조했다.

2024년 5월 21일 대한민국에서 개최된 AI 서울 정상 회의(AI Seoul Summit)는 인공지능 분야의 최신 동향을 논의하고 국제 협력을 강화하기 위해 개최되었다. 정상 회의에는 다양한 국가의 정부 대표, 학계 전문가, 산업계 리더들이 참석해 인공지능의 현재와 미래에 대해 심도 있는 논의를 진행했다. AI 서울 정상 회의는 AI 기술의 발전 방향을 제시하고, 국제적인 협력과 규제의 필요성을 강조한 중요한 행사였다. 이를 통해 각국은 AI 기술의 잠재력을 최대한 활용하면서도, 윤리적 문제와 보안 위협을 최소화하기 위한 공동의 노력을 기울일 것을 다짐했다.

인간은 인격을 보호하기 위해 인권을 갖고 있지만, 인간같이 보고, 듣고, 대화하는 인공지능은 인간의 인권과 같은 AI 윤리 및 윤리 가이드가 필요하다. 그래서 AGI 시스템이 안전하며 의도치 않은 위험을 초래하지 않도록 보장해야 한다. AGI의 목표를 인간의 가치와 정렬시켜 해로운 행동을 방지해야 한다. AGI가 방대한 개인 데이터를 접근하고 분석할 수 있는 세상에서 개인의 프라이버시를 보호해야 한다. AGI의 혜택이 공정하게 분배되고 기존의 사회적, 경제적 불평등을 악화시키지 않도록 보장해야 한다. 따라서 이러한 국제 협력 사례들은 AI 기술이 윤리적이고 책임감 있게 발전할 수 있도록 전 세계가 노력하고 있음을 보여 주고 있어, 시사하는 점이 크다 하겠다.

2025년 2월 10~11일 양일간 파리에서 제3회 AI 정상 회의가 진행되었다. 파리 AI 정상 회의는 트럼프 정부 출범, 딥시크(DeepSeek) 등장, 글로벌 사우스 부상 등이 국제 사회의 AI 논의 구도에 미치는 영향을 가늠해 볼 수 있는 기회였다. 지난 두 차례의 AI 정상 회의가 주로 AI의 안전에 주목했던 것과는 달리, 2025년 파리 AI 행동 정상 회의는 AI 기술 성장 및 경쟁력에 관한 논의를 적극적으로 진행했다. 한편 AI의 포용적이고 지속 가능한 발전을 강조해, 논의의 범위와 참여 주체를 크게 확장했다. 특히 파리 AI 정상 회의는 AI를 둘러싼 패권 경쟁이 본격화하고 있음을 시사하고 있다.

참고문헌

김용환 · 임희정(2021). 『AI(인공지능) 시대의 데이터 경제학』. 청람출판사.

김용환 · 임희정(2021). 『빅데이터 분석: 코로노믹스(Coronomics) 사례』. 청람출판사.

김용환 · 임희정(2024). 『AI(인공지능) 경영론』. 청람출판사.

김용환 외(2023). 『포스트 휴먼과 융합』. 한울아카데미.

김용환(2022). 『연구윤리포럼』. 연구재단.

김용환(2023). 『연구부정 의심행위 조사 검증 매뉴얼』. 연구재단.

김용환(2024). 양자산업 트렌드와 시장분석. 혁신클러스터학회 추계학술대회.
김용환(2024). 『양자경제와 AI 산업혁신』. KIST.
대외경제정책연구원(KIEP)(2025.02). 파리 AI 정상회의 주요 결과와 시사점: 포용적 AI를 위한 국제협력 방향.
조선일보(2024.9.20). 유엔이 나섰다. "AI 위협, 기업은 해결 못해… 세계가 뭉치자".
조선일보와 한국경제 및 AI타임스 등 주요 언론 기사들 참조.
한국지능정보사회진흥원(2024). 해외 주요국의 AI 규제 거버넌스 현황 및 시사점.
EU 집행위원회(2019). 신뢰할 수 있는 AI 윤리 가이드라인(Ethics Guidelines for Trustworthy AI).
G7(2023.10). Hiroshima process international code of conduct for organizations developing advanced AI systems.
McKinsey(2024). Quantum technology monitor.
OECD(2019.5). OECD AI 원칙(OECD AI Principles).
ROK(2024.5.21). AI Seoul summit.
UK(2023.11). AI safety summit(at Bletchley Park).
UN General Assembly(2021.3.21). Resolution on artificial intelligence.
UN(United Nations, 1948.12.10). Universal declaration of human rights(UDHR).
유네스코(UNESCO)(2021.11.28). 인공지능(AI) 윤리 권고.

03
EU의 AI 윤리

유럽 연합이 인공지능 윤리에 적극적인 요인과 배경에는 여러 가지가 특징들이 있다. EU가 AI 윤리에 적극적인 이유는 인권 존중 사상의 역사적 배경, 데이터 보호와 인권 존중의 전통, 사회적 신뢰 확보, 경제적 경쟁력 유지와 혁신 촉진, 규제 리더십 확보, 법적 프레임워크의 필요성, 그리고 국제적 협력과 경쟁에서의 차별화된 접근 등으로 설명할 수 있다.

AI와 난임 극복?

배경

유럽 연합이 인공지능 윤리에 적극적인 요인과 배경에는 여러 가지가 있다. EU가 AI 윤리에 적극적인 이유는 데이터 보호와 인권 강조의 전통, 사회적 신뢰 확보, 경제적 경쟁력 유지와 혁신 촉진, 규제 리더십 확보, 법적 프레임워크의 필요성, 그리고 국제적 협력과 경쟁에서의 차별화된 접근 등으로 볼 수 있다. 이러한 요인과 배경을 이해하기 위해서는 역사적, 사회적, 경제적, 정치적 측면을 종합적으로 살펴볼 필요가 있다.

역사적 관점

인권은 모든 인간이 타고난 권리이며, 인간 존중은 국가나 다른 개인에 의해 침해될 수 없다는 기본적인 개념이다. 특히 유럽에서 인간 존중과 인권에 대한 논의는 오랜 역사를 가지고 있으며, 다양한 철학자와 사상가들이 활동했다. 대표적으로 영국의 철학자 존 로크(John Locke, 1632~1704)는 자연권 이론을 내세워 모든 인간은 태어날 때부터 생명, 자유, 재산에 대한 자연적 권리를 가지고 있다고 주장했다. 특히 정부의 역할은 인권을 보호하는 것이며, 정부가 인권을 침해하는 경우에는 반항할 권리가 있다고 했다. 프랑스의 철학자인 장자크 루소

(Jean-Jacques Rousseau, 1712~1778)는 사회 계약 이론, 곧 인간은 사회를 형성하기 위해 자연적 권리를 포기하고 사회 계약을 통해 새로운 권리를 얻는다고 주장했다. 사회 계약은 일반 의지에 기반해야 하며, 사회 계약을 위반하는 정부에 대해서는 반항할 권리가 있다고 했다. 독일의 철학자 이마누엘 칸트(Immanuel Kant, 1724~1804)는 도덕법 이론을 주장했는데, 모든 인간은 이성적 존재로서 존엄성을 가지고 있으며, 인간은 도덕법에 따라 행동해야 한다고 했다. 인권은 인간의 존엄성에서 비롯되는 기본적인 권리이며, 절대적인 권리라고 주장했다. 영국의 철학자 존 스튜어트 밀(John Stuart Mill, 1806~1873)은 유용주의 이론, 곧 행동의 결과가 가져오는 총 행복의 양에 따라 행동의 정당성을 판단해야 한다고 주장했다. 개인의 자유를 존중하는 것이 최대의 행복을 가져오므로, 인권은 개인의 자유를 보호하는 데 중요한 역할을 한다고 했다. 유럽은 제2차 세계 대전 이후 인권 보호에 큰 가치를 두고 있다. EU의 AI 윤리는 이러한 유럽의 인간 존중 사상을 바탕으로 발전하고 있다. EU는 1995년의 인간 존중을 위한 데이터 보호 지침과 2018년의 일반 데이터 보호 규정(GDPR) 등을 통해 데이터 보호와 개인 정보의 중요성을 강조해 왔다. AI 기술의 발

전이 인권에 미칠 수 있는 영향을 고려해 윤리적인 가이드라인을 설정하는 것은 자연스러운 변화다. 이러한 규제 전통은 AI 윤리에도 큰 영향을 미쳤다.

정치 · 경제적 관점

4차 산업 혁명 시대에서 디지털 경제가 새로운 발전 패러다임이 되었지만, 유럽은 미국에 비해 상대적으로 디지털 경쟁력이 매우 취약한 산업 경제 구조를 보유하고 있다. EU는 대표적인 디지털 경제에서 모바일 시장은 애플에게, 검색 시장은 구글에게, 전자 상거래 시장은 아마존에게 열악한 경쟁력을 갖고 있다. 심지어 유럽의 강점이었던 제조업도 디지털 전환이 미국에 비해 늦게 진행되고 있다. 이러한 상황에서 윤리적이고 투명한 AI 개발은 글로벌 시장에서 EU 기업의 경쟁력을 강화할 수 있다. 신뢰할 수 있는 AI는 더 많은 사용자와 기업에게 접근할 수 있다. 윤리적인 가이드라인은 혁신을 저해하는 것이 아니라, 오히려 안정적이고 지속 가능한 혁신을 촉진하는 역할을 한다. 아울러 AI 기술은 국경을 넘나드는 특성을 보유하고 있기 때문에, 국제적인 협력과 규제 표준의 필요성이 대두하고 있다. EU는 이러한 국제적인 규제 표준 설정에서 주도적인 역할을 하고자 한다. AI 기술 개발에서 중국과 미국이 선도적인 역할을 하고 있는 상황에서, EU는 윤리적인 AI를 통해 차별화된 경쟁력을 확보하려고 하는 것이다. AI 윤리적인 가이드라인은 유럽의 장기적인 경제 성장에 기여하게 된다.

또한 정치 경제적 관점에서 EU는 AI 윤리 규제를 통해 글로벌 리더십을 확보하려고 한다. 이는 국제 무대에서 규제 표준을 설정하고 다른 국가들에게 모범이 되는 것을 목표로 한다. EU가 다양한 회원국들 간의 정책 통합을 추구한다는 점을 고려하면, AI 윤리 가이드라인은 회원국들 간의 일관된 정책을 보장하고 협력을 강화하는 데 도움이 된다.

참고문헌

김용환 · 임희정(2021). 『AI(인공지능) 시대의 데이터 경제학』. 청람출판사.

김용환 · 임희정(2021). 『빅데이터 분석: 코로노믹스(Coronomics) 사례』. 청람출판사.

김용환 · 임희정(2024). 『AI(인공지능) 경영론』. 청람출판사.

김용환 외(2023). 『포스트 휴먼과 융합』. 한울아카데미.

김용환(2022). 『연구윤리포럼』. 연구재단.

김용환(2023). 『연구부정 의심행위 조사 검증 매뉴얼』. 연구재단.

김용환(2024). 양자산업 트렌드와 시장분석. 혁신클러스터학회 추계학술대회.

김용환(2024). 『양자경제와 AI 산업혁신』. KIST.

윤정현 · 조은정(2024). EU '인공지능 규제법(AI Act)' 통과의 의미와 시사점. ≪이슈브리프≫, 527, 국가안보전략연구원.
정병일(2023.7.20). 유럽연합(EU)의 AI 규제 3법. AI타임스. https://www.aitimes.com/news/articleView.html?idxno=152518
조선일보와 한국경제 및 AI타임스 등 주요 언론 기사들 참조.
한국과학기술기획평가원(KISTEP, 2024.2.13). EU AI 규제 현황과 시사점. ≪KISTEP 브리프≫
한국지능정보사회진흥원(2024). 해외 주요국의 AI 규제 거버넌스 현황 및 시사점.
한국지능정보사회진흥원(NIA). ≪법제 Brief≫, 각호.

04

EU의 AI 윤리 가이드

EU는 애플, 구글, 아마존, 메타 등 글로벌 빅테크의 디지털 시장 확대 및 AI 독점화를 극복하기 위해, 윤리 가이드라인을 제정하고 2024년 8월 세계 최초로 'AI 규제법'을 시행하고 있다. 특히 파리 AI 정상 회의는 AI를 둘러싼 패권 경쟁이 본격화하고 있음을 시사하고 있다.

AI와 사주?

주요 AI 윤리 가이드라인

EU 집행위원회가 제시한 'AI 윤리 가이드라인'

2019년 EU 집행 위원회가 제시한 'AI 윤리 가이드라인'의 3대 요소와 핵심 지침은 다음과 같이 설명할 수 있다.

가. Foundations of Trustworthy AI

① 인간 존중을 윤리 원칙으로 준수하는 AI 시스템 개발 · 배포 · 사용(자율성, 위해 예방, 공정성 등을 고려).

② 어린이 · 장애인 · 고용주와 근로자 또는 기업과 소비자 간의 권력이나 정보 불균형에 대응(AI 기술이 불이익을 주거나 기술 혜택으로부터 배제 가능성이 있는 취약한 집단 배려).

③ AI 기술이 개인과 사회에 상당한 혜택과 이익을 주지만 특정 위험도 초래할 가능성에 주의(위험 강도에 따라 이를 완화하기 위한 적절한 조치 필요).

나. Realising Trustworthy AI

① 인간의 기본권 · 존엄성 · 자율성 보장(AI 시스템은 인간의 기본권을 보장하고 자율성을 저해하지 않는 평등한 사회를 구현할 것).

② 기술적 견고성 및 안전성(AI 시스템 알고리즘은 모든 라

이프 사이클 단계에서 오류와 오작동 등 처리가 가능한 안전성을 갖출 것).

③ 개인 정보 및 데이터 거버넌스[시민(개인)은 자신의 데이터(개인 정보)를 완전히 삭제할 수 있어야 하며 관련 데이터가 인간에게 해를 입히거나 차별해서는 안 될 것].

④ 투명성(AI 시스템은 설명 가능할 것).

⑤ 다양성, 차별 금지 및 공정성(AI 시스템은 모든 범위의 인간 능력과 기술 및 요구 사항을 고려하고 접근성을 보장할 것).

⑥ 사회 · 환경 복지(AI 시스템은 긍정적인 사회 변화를 주도하고 지속 가능한 성장을 이끄는 데 활용될 것).

⑦ 책임성(AI 시스템과 그 결과에 대한 책임, 그 책임을 보장하기 위한 구조적 장치를 마련할 것).

다. Assessing Trustworthy AI

① 2단계(Realising Trustworthy AI)에서 언급한 요구 사항을 실제 사례에 적합하게 적용할 수 있는 기틀 마련(AI 시스템에 대한 요구 사항과 솔루션 평가 기준 확립, AI 시스템의 라이프 사이클 전반에 걸쳐 성과를 개선하고 이에 대한 이해관계자 참여 등).

유럽 위원회 '일곱 가지 윤리 가이드라인'

신뢰할 수 있는 AI를 위한 윤리 규범을 위해 유럽 위원회에서는 미래의 AI 신뢰성에 대한 중요성을 인식하고, 신뢰할 수 있는 AI를 만들기 위해 고려하고 지켜야 할 '일곱 가지 윤리 가이드라인(Ethics Guideline for Trustworthy AI)'을 제정했다.

① 인간 역할과 기본권(Human Agency and Fundamental Rights): AI 시스템은 인간의 역할과 기본권을 지원함으로써 공평한 사회를 가능하게 해야 하며, 인간의 자율성(Human Autonomy)을 감소시키거나 제한하거나 잘못 인도해서는 안 된다.

② 견고성 및 안전성(Robustness and Safety): 신뢰할 수 있는 AI는 AI 시스템의 모든 수명 주기 단계에서 오류나 불일치를 처리할 수 있을 정도로 안전하고 신뢰할 수 있는 강력한 알고리즘을 요구한다.

③ 개인 정보 및 데이터 통제(Privacy and Data Governance): 시민들은 그들 자신의 데이터에 대한 완전한 통제권을 가져야 하며, 그들과 관련한 데이터는 그들을 해롭게 하거나 차별하는 데 이용되지 않아야 한다.

④ 투명성(Transparency): AI 시스템이 내린 결정은 추적이

가능해야 한다.

⑤ 다양성, 무차별, 공정성(Diversity, Nondiscrimination and Fairness): AI 시스템은 인간의 능력, 기술(재주), 요구사항(요건)의 전체를 볼 수 있어야 하며, 그에 대한 접근성을 보장해야 한다.

⑥ 사회적 · 환경적 복지(웰빙)(Societal and Environmental Well-being): AI 시스템은 긍정적으로 사회 변화를 증진하고, 지속 가능성과 생태적 책임을 강화하기 위해 사용되어야 한다.

⑦ 책임성(Accountability): AI 시스템과 그 결과에 대한 책임과 그 책임을 보장하기 위한 메커니즘이 마련되어야 한다.

유럽 위원회는 일곱 가지 가이드라인에 맞추어 개발된 AI는 우리 사회를 긍정적으로 변화시키고 발전시킬 것이라고 강조하고 향후 모든 AI는 이 가이드라인에 맞추어 개발할 것을 권고하고 있다.

디지털 서비스법, 디지털 시장법, 인공지능법

애플, 구글, 아마존, 메타 등 글로벌 테크 기업들을 겨냥해 규제법을 마련하려는 변화가 계속되고 있다. 세계 최초의 인공지능 규제법 '인공지능법(Artificial Intelligence Act: AIA)'을 비롯해 '디지털 서비스법(Digital Service Act: DSA)'과 '디지털 시장법(Digital Market Act: DMA)'이 유럽 연합에서 2년이 넘는 논의와 절차를 거쳐 만들어졌다. EU의 '규제 3법'의 실제 집행 시기는 DSA, DMA, AIA의 순이다. 특히 EU는 DSA, DMA, AIA을 통해 공정한 경쟁과 소비자 보호라는 사회적 책임을 구글 · 애플 · 아마존 · 메타 등 빅 테크 기업들에게 요구하겠다는 구상이다.

디지털 서비스법(Digital Service Act: DSA)

DSA는 페이스북과 틱톡, 트위터 등 소셜 미디어 플랫폼들을 규제하기 위한 법으로 2022년 11월 16일 발효되었고 2023년 8월 25일부터 집행되었다. 이 법은 가짜 뉴스와 같은 유해 콘텐츠를 플랫폼이 걸러 내지 못하면 제재할 수 있다. 전 세계 매출의 6%까지 벌금을 물릴 수 있고 서비스를 중지시킬 수도 있다. 이 법은 벌금을 기업 규모에 따라 차등 적용한다. '대형 온라인 플랫폼(VLOP)'으로 분류되는 기업은 법정 최고 벌금까지 적용할 수 있도록 하고 상대적으로 규모가 작은 기업은 벌금 상한을 낮추어서 적용한다. 이와 관련해 아마존은 이 법상 VLOP

로 지정되자 부당하다면서 이를 취소해 달라는 소송을 유럽 일반 법원에 최근 제기했다.

DSA에는 이와 함께 2022년부터 등장하기 시작한 생성형 AI를 반영하는 조항이 들어갔다. 소셜 미디어 플랫폼들은 AI로 생성된 콘텐츠는 '표시(라벨)'를 붙이고 서비스가 악용되지 않도록 안전장치를 마련하도록 했다. 이 법 적용 대상은 사회 관계망 서비스(SNS) 기업에 국한되지 않는다. 위키피디아와 유튜브도 대상이고 빙 등 검색 엔진 17개도 포함된다. EU 측은 이 법의 시행을 앞둔 공백 기간에 적용 대상 기업들이 자율 규제 형식인 '허위 정보 방지 규준(anti-disinformation code)'에 가입하도록 종용해 44개 기업들의 동의를 얻어 냈다. EU 측은 우크라이나 전쟁이 종식되지 않고 있는 가운데 러시아의 가짜 뉴스 캠페인에 대한 우려가 높아진 데 따라 이 법 집행에 무게를 싣고 있다.

EU는 불법 · 유해 콘텐츠 유포에 대해 빅 테크 기업의 책임을 강화하고 있다. 2023년 8월부터 시행된 DSA는 플랫폼 기업들이 유해한 콘텐츠를 막기 위한 방법을 당국에 제출하도록 하고 있다. 가짜 뉴스뿐 아니라 혐오 콘텐츠, 테러 영상, 미성년자 착취 등이 모두 대상이다. DSA는 문제 발생 시 규제의 근거도 되지만 사전에 빅 테크의 책임을 강화한 것이다. 해당 조치가 충분하지 않으면 당국은 빅 테크에 알고리즘을 변경하라는 지시를 할 수 있다. 반복 위반 시 유럽 내 영업이 전면 금지될 수 있다. 실제로 EU는 2024년 10월 DSA에 근거해 메타·틱톡·X(옛 트위터)에 이스라엘과 하마스 전쟁과 관련한 허위 정보 확산에 대한 설명을 요구했다. 2024년 5월에는 페이스북과 인스타그램이 미성년자 보호 조치를 적절히 했는지에 대한 조사에 착수했다. DSA 시행으로 구글은 18세 미만 청소년을 대상으로 한 맞춤형 광고를 제한했고, 메타와 틱톡은 DSA 대응 인력을 각각 1000명 이상 배치했다.

디지털 시장법(Digital Market Act: DMA)

'빅 테크 갑질 방지법'으로 불리는 DMA는 기술 대기업의 시장 독점을 막는 내용의 법으로 2022년 11월 1일 발효되었고, 2023년 5월 2일부터 시행 중이다. 이 법은 시장을 독점할 가능성이 있는 대기업을 '게이트 키퍼'로 분류해 의무와 금지 사항을 적용한다. 의무 사항은 공정하고 개방된 디지털 시장 형성과 소비자 중심의 서비스 구현에 초점을 맞춘다. 이 가운데는 "최종 사용자가 게이트 키퍼의 운영 체제에 타사 앱 또는 앱 스토어를 설치하도록 허용해야 한다"는 조항이 있다. 이에 따라 애플의 경우 기기에 앱 스토어 외에 안드로이드 앱을 내려받을 수 있는 구글 플레이를 설치할 수 있게 해야 한다. 2024년 3월 6일 이후 DMA가 의무화하거나 금지하는 내용을 따르지 않으면 전 세계 매출의 10%까지 벌금을 부과한다. 반복해서 어길 경우는 20%까지 벌금을 물릴 수 있다. 소비자 입장에서 DMA는 시장 경쟁에 따라 더 저렴한 가격으로 디지털 상품과 서비스를 구매할 수 있게 되고 개인 데이터의 보호도 강화되는 장점이 기대된다.

특히 유럽 연합이 빅 테크에 대해 DMA 규제를 현실화하고 있다. EU는 메타(페이스북 모회사)가 유럽 이용자들의 개인 정보 제공을 사실상 강요하고, 이를 활용한 맞춤형 광고 등으로 부당한 이익을 취했다며 2024년 7월 초 잠정적으로 DMA 위반 결론을 내렸다. 2024년 6월엔 애플과 마이크로소프트에 대해 잇따라 DMA 위반 잠정 결론을 내리기도 했다. DMA는 특히 거대 플랫폼 사업자를 '게이트 키퍼'로 지정해 특별 규제하는 게 핵심이다. 현재 이 게이트 키퍼엔 구글 모회사 알파벳, 틱톡 모회사 바이트댄스, 아마존, 애플, 메타, MS에 더해 미국 여행 사이트 부킹닷컴까지 총 일곱 곳이 지정돼 있다. 금지되는 행위는 서비스 종류에 따라 차이는 있지만 자사 플랫폼과 외부 플랫폼 사이 '공정한 경쟁'을 보장하는 조치를 해야 하며 자사 서비스를 우대하는 행위가 엄격히 금지된다. 예컨대 구글에서 검색했을 때 구글 쇼핑 · 항공 · 숙박을 구글 검색 서비스 결과에 우선적으로 보이게 하면 안 된다. EU는 또 앱 개발자들이 애플의 앱 마켓인 앱 스토어 밖에서도 앱을 배포해 이용자들을 앱 스토어 바깥으로 유도하는 걸 허용토록 의무화했다. 구글 · 메타처럼 여러 서비스를 운용하는 기업은 이용자 동의 없이 특정 플랫폼에서 개인 정보를 얻은 뒤 이를 자사 다른 플랫폼의 맞춤형 광고 등에 활용하는 관행도 규제한다. 예컨대 페이스북에서 얻은 정보를 인스타그램 광고에 활용하면 안 된다는 논리다.

특히 EU가 DMA에 집중하는 하는 이유는 기술 경쟁에서 밀린 EU가 '기술 주권'을 지키려는 수단으로 설명할 수 있다. EU는 이미 구글이나 애플 같은 빅 테크에 디지털 시장을 점령당한 상태다. 더구나 인공지능 시대를 좌우할 거대한 데이터 주권마저 미국 빅 테크 기업에 무방비로 넘어갈 위기에 처하며 각종 규제 법안이 탄생했다는 것이다. EU의 움직임에 빅 테크들은 정책 변경에 나서며 처벌을 피하려 하지만, EU의 경쟁 당국은 변경된 정책의 허점까지 집요하게 물고 늘어져 빅 테크들의 시장 지배력을 낮출 것이란 예상이다. 미국의 기술 권력에서 벗어나기 위해 유럽을 시작으로 일본과 인도 등에서도 유사한 규제법을 만드는 논의가 이어질 것이란 전망도 있다.

인공지능법(Artificial Intelligence Act: AIA)

AIA는 2023년 6월 14일 유럽 의회를 통과해 현재 EU의 집행 위원회와 의회, 각료 이사회의 세 기관 간 협상 절차에 들어가 있다. 이 과정에서 빅 테크 기업들이 대부분 속해 있는 미국과 EU 간의 협상 결과에 따라 내용이 조정되었다. 쟁점은 안면 인식 기술을 위험 기술로 분류해 금지하는 조항과 생성형 AI 규제와 관련한 조항이다. 안면 인식 기술은 얼굴 사진을 분석해 신원을 확인하는 기술이다. AIA는 일반인의 얼굴을 동의 없이 찍고 분석하는 것을 인권을 침해하는 '매우 위험한 AI'로 구분해 금지하고 있다. 생성형 AI와 관련해서는 투명성을 보장하기 위해 훈련 데이터에 대해 저작권을 일일이 밝혀서 문서로 공개하도록 의무화하는 조항이 주목되는 이슈다. AIA는 '이사회 수정안'과 '의회 수정안'을 바탕으로 통합안을 마련하기 위해, EU 집행 위원회 이사회 및 의회가 의견을 조율하는 '3자 협의(trilogue)'가 진행되었다.

2024년 3월 유럽 의회 본회의에서 세계 첫 'AI 규제법'의 최종안이 승인되었다. 민간과 정부를 포괄하는 AI 기술 규제법을 제시한 것은 유럽 연합이 처음이다. 즉, EU는 세계 최초로 '인공지능 규제법(AI Act)'을 통과시켰고, 2024년 8월부터 시행되고 있다. 법안에서 EU는 역내 AI 기술 개발을 지원하는 'AI 혁신 패키지(AI Innovation Package)'와 사용자와 개발자의 안전과 기본권을 보장하는 'AI 조정 계획(Coordination Plan on AI)'을 포함시킴으로써 AI의 '개발'과 '규제'를 위한 균형점을 찾고자 했다. 법안은 AI의 위험도를 4단계 등급별로 분류함으로써 위험도에 따른 차등 규제안을 제시하고 있다. 한편 유럽의 AI법은 AI의 군사적 활용을 제외한 상황이다. 미국, 중국, 러시아, 영국, 이스라엘 등 주요 무기 공급국 간 군비 경쟁이 심화하면서, 군사 AI 규제에 미온적이라는 현실적 한계가 있다.

EU의 AI Act가 갖는 외교 전략적 함의는 크게 두 가지라 할 수 있다. 첫째, EU가 AI와 디지털 전환 등 첨단 기술 분야에서 규범력을 앞세워 진영을 넘어선 실리 외교를 추구하는 제도적 발판을 마련했다는 점이다. 둘째, 미국, 중국 등 AI 기술 주도국들과 벌어진 하드 파워의 격차를 AI 규제력이라는 소프트 파워로 좁혀 가는 전략을 구사했다는 점이다. 다만, 이번 법안은 세계 최초의 강제력을 갖는 AI 법안으로서 상징하는 바가 크지만, 정부의 실질적인 관리 · 감독 가능성, 산업 · 연구 생태계의 다양성 측면, 군사적 활용과 같은 민감한 분야로의 확장성 측면에서는 아직 미흡한 점도 사실이다.

특히 EU 27개국으로 구성된 교통 · 통신 · 에너지 이사회는 2024년 5월 벨기에 브뤼셀에서 열린 회의에서 AI 규제법을 최종 승인했다고 밝혔다. 이 법은 AI 기술을 수용 불가능한 위험, 고위험, 제한된 위험, 최소 위험 등 4등급으로 구분해 차등 규제한다. 사회에 부정적 영향을 줄 위험이 클수록 더 엄격하게 규제한다는 취지다. 이에 따라 AI를 활용해 보안 카메라(CCTV)로 수집한 영상으로 얼굴 인식 데이터베이스를 만들거나, 생체 정보를 수집해 인종과 정치 성향 등을 추론하는 서비스 등이 2024년 12월부터 EU 역내에서 전면 금지된다. 인간의 행동을 조작하거나 취약성을 악용하는 관행 등도 '수용 불가능 위험' 등급으로 분류돼 허용되지 않는다. 다만 성폭행, 테러와 같은 중대 범죄 용의자를 수색하기 위한 용도 등 극히 예외적인 경우에는 법원의 사전 허가를 받는 조건으로 허용된다. 또한 의료, 교육을 비롯한 공공 서비스나 선거, 자율 주행 등에 사용되는 AI 기술은 '고위험 등급'으로 분류돼 출시되기 전에 엄격한 위험 평가를 거치도록 했다. 이 분야에선 사람이 AI 사용을 반드시 감독하도록 하고 위험 관리 시스템을 구축해야 한다. 사람과 유사한 수준 또는 그 이상의 지능을 갖춘 AI인 범용 인공지능(AGI)을 개발하는 기업에 대해서는 '투명성 의무'가 적용된다. EU 저작권법을 반드시 준수하도록 하고 AI 학습 과정에 사용된 콘텐츠를 명시해야 한다. 위반 기업에 최대 3500만 유로(약 517억 원) 또는 글로벌 매출의 7%까지 벌금으로 부과하는 이 법이 세계 주요국의 AI 규제법 제정에 영향을 주고 있다.

AIA의 시행은 2025년까지 미루어질 것으로 전망되었지만, 유럽 연합이 세계 최초로 제정한 포괄적 인공지능 규제법이 2024년 8월 1일 발효됐다. EU 행정부 격인 집행 위원회는 'AI 법은 인간의 기본권을 보호하기 위한 안전장치를 포함해 EU에서 개발 · 사용되는 AI의 신뢰성을 보장하기 위해 설계됐다'고 설명했다. 이 법에 따르면 특정 제품이나 분야에서 AI 기술을 활용할 때 발생할 수 있는 위험 정도에 따라 네 단계로 나눠 차등 규제가 이뤄진다. 부정적 영향을 줄 가능성이 높을수록 더 엄격한 규제가 적용된다. 의료, 교육, 선거, 핵심 인프라 등에 활용되는 AI 기술은 고위험 등급으로 분류돼 사람이 AI 사용을 반드시 감독해야 하고 위험 관리 시스템을 갖춰야 한다. 인간의 기본적 권리를 침해할 가능성이 있는 AI 기술 활용은 원천 금지된다. AI를 활용한 개인의 특성·행동과 관련된 데이터로 개별 점수를 매기는 관행인 사회적 점수 평가(social scoring), 인터넷이나 CCTV에서 얼굴 이미지를 무작위로 수집해 데이터베이스를 구축하는 행위 등이 해당한다. 또한 법 집행 기관에서 실시간 원격 생체 인식 시스템을 사용하는 것도 극히 예외적인 경우를 제외하고는 제한된다. 챗지피티를 비롯한 범용 AI(AGI : 사람과 유사한 수준 또는 그 이상의 지능을 갖춘 AI)에 대해서는 AI 학습 과정에 사용된 콘텐츠를 명시해야 하는 등 투명성 의무도 부여된다.

2024년 8월 1일 발효를 기점으로 원천 기술 금지 규정은 6개월 뒤부터, 범용 AI에 대한 의무 규정은 12개월 뒤부터 적용된다. 전면 시행은 2년 뒤인 2026년 8월부터로 발표했다. 집행 위원회에 따르면 AI 기술과 관련해 잘못된 정보를 제공하는 경우 전 세계 연 매출의 1.5%, 의무 규정 위반 시 3%의 과징금이 각각 부과된다. 금지된 AI 애플리케이션 사용으로 법을 위반하는 경우에는 과징금이 최대 7%까지 증가한다.

표 4-1. EU 빅 테크와 AI 규제 3법 비교

출처: AI타임스(2023.7.20). "유럽 연합의 AI 규제 3법" 재작성

규제법	발표 및 시행	내용	제재	대상
디지털 서비스법	발효: 2022년 11월 16일 시행: 2023년 8월 25일	소셜 미디어 규제, 불법 콘텐츠의 확산 방지, 사용자 권리 보호, 플랫폼의 책임 강화, 시장의 공정성 보장	글로벌 매출 최고 6%까지 벌금, 서비스 정지	페이스북, 빙, 인스타그램, 링크드인, 핀터레스트, 스냅챗, 틱톡, 트위터, 위키피디아, 유튜브 등 주요 온라인 플랫폼 및 검색 엔진 17개
디지털 시장법	발효: 2022년 11월 1일 시행: 2023년 5월 2일 게이트 키퍼 선정: 2023년 9월 3일 게이트 키퍼 의무 사항 준수 시한: 2024년 3월 5일	빅 테크 독점 방지, 디지털 시장의 경쟁 촉진, 시장 지배적 사업자의 불공정 관행 방지, 소비자와 중소기업 보호	전 세계 매출 최대 10%, 반복적 위반 시 최대 20%까지 벌금	[예상 게이트 키퍼] 애플, 알파벳(구글), 아마존, MS, 메타
인공지능법	2023년 6월 14일 유럽 의회 통과 2024년 3월 유럽 의회 최종 승인 · 2024년 8월 1일 발효	인공지능 규제, AI 시스템의 안전성과 신뢰성 보장, 위험 기반 접근 방식 도입, AI 시스템의 투명성 및 설명 가능성 강화, 개인 정보 보호 및 기본권 보장	전 세계 매출 7% 혹은 3500만 달러까지 벌금	AI 기업

참고문헌

김용환 · 임희정(2021). 『AI(인공지능) 시대의 데이터 경제학』. 청람출판사.

김용환 · 임희정(2021). 『빅데이터 분석: 코로노믹스(Coronomics) 사례』. 청람출판사.

김용환 · 임희정(2024). 『AI(인공지능) 경영론』. 청람출판사.

김용환 외(2023). 『포스트 휴먼과 융합』. 한울아카데미.

김용환(2022). 『연구윤리포럼』. 연구재단.

김용환(2023). 『연구부정 의심행위 조사 검증 매뉴얼』. 연구재단.

김용환(2024). 양자산업 트렌드와 시장분석. 혁신클러스터학회 추계학술대회.

김용환(2024). 『양자경제와 AI 산업혁신』. KIST.

윤정현 · 조은정(2024). EU '인공지능 규제법(AI Act)' 통과의 의미와 시사점. ≪이슈브리프≫, 527, 국가안보전략연구원.

정병일(2023.7.20). 유럽연합(EU)의 AI 규제 3법. AI타임스 https://www.aitimes.com/news/articleView.html?idxno=152518

조선일보와 한국경제 및 AI타임스 등 주요 언론 기사들 참조.

한국과학기술기획평가원(KISTEP, 2024.2.13). EU AI 규제 현황과 시사점. ≪KISTEP 브리프≫.

한국지능정보사회진흥원(2024). 해외 주요국의 AI 규제 거버넌스 현황 및 시사점.

한국지능정보사회진흥원(NIA). ≪법제 Brief≫. 각호.

05
미국의 AI 윤리

미국과 유럽은 AI 윤리에 대해 서로 다른 접근 방식을 구현하고 있으며, 이는 각 지역의 법적, 문화적, 사회적 배경에 따라 차이가 있다. 미국 AI 윤리는 유럽보다 기술 혁신 및 자율 규제와 기술 기업 중심의 가이드라인 접근 방식을 지향하고 있지만, 미국 AI 윤리의 궁극적인 목표는 AI 기술이 사회에 긍정적인 영향을 미치고, 인간의 존엄성과 권리를 보호하는 것이다.

AI와 아이돌?

배경

미국 AI 윤리를 유럽 AI 윤리와 비교하면, 미국과 유럽은 AI 윤리에 대해 서로 다른 접근 방식을 취하고 있으며, 이는 각 지역의 법적, 문화적, 사회적 배경에 따라 차이가 있다. 미국과 유럽은 AI 윤리에 대해 상이한 접근 방식을 취하고 있지만, 미국 AI 윤리의 궁극적인 목표는 AI 기술이 사회에 긍정적인 영향을 미치고, 인간의 존엄성과 권리를 보호하는 것이다.

미국과 유럽의 AI 윤리를 비교해 보면, 규제 측면에서 미국은 자율 규제와 유연한 가이드라인을 중시하는 반면, 유럽은 법적 규제를 통한 엄격한 관리를 지향한다. 2024년 글로벌 주식의 시장 가격 총액 10위권에 애플, 엔비디아, MS, 구글, 아마존, 메타 등 대부분 미국 디지털 기업들이 진입하고 있다. 미국 빅 테크 기업들이 디지털 시장과 AI 시장을 주도하고 있는 것이다. AI 기술 개발과 기술 혁신의 핵심은 우수한 AI 전문가 확보 및 육성 시스템이다. 2024년 7월 공개된 자료에 따르면, 2023년 기준으로 기계 학습 주요 학회인 인공 신경망 학회(NeurIPS), 국제 머신 러닝 학회(ICML), 표현 학습 국제 학회(ICLR)에서 발표된 논문 수를 기준으로 글로벌 대학 순위에서 1~7위 중 5위를 차지한 KAIST를 제외하고는 모두 미국 대학들이다. 글로벌 대학 1위는 미국 카네기멜론대학(CMU)이고, 2위는 버클리대학, 3위는 스탠포드대학, 4위는 MIT가 차지했다. 5위는 KAIST이고, 6위는 UCLA, 7위는 미국 캘리포니아대학 샌디에이고 캠퍼스(UCSD)로 공개되었다. 이와 같이 미국은 AI 기술 개발과 기술 혁신 분야의 인적 자원과 인프라 및 잠재력이 글로벌 최고 수준이며, 이를 바탕으로 글로벌 AI 생태계를 구축하고 있다.

따라서 미국은 AI 윤리에서 주로 기업과 산업의 자율 규제를 강조한다. 많은 기업들이 자체적인 AI 윤리 헌장을 수립하고 있으며, 이를 통해 자발적으로 윤리적 기준을 준수하려고 한다. 규제보다는 혁신을 촉진하는 방향으로 접근한다. 기술 발전을 저해하지 않기 위해 비교적 유연한 규제 체계를 지향하는 것이다. 이러한 기조하에 미국 정부는 2020년 AI 윤리 지침을 발표했으며, 이는 공정성, 투명성, 안전성 등을 포함한 원칙들을 제시했지만, 법적 구속력이 있는 규제보다는 가이드라인에 가깝다.

문화 사회적 측면에서 보면 미국은 혁신과 기술 발전을 우선시하는 반면, 유럽은 사회적 가치와 공공의 이익을 강조한다. IT 및 ICT 혁명으로 창업한 디지털 혁신 기업들이 실리콘밸리를 미국 경제 성장 엔진으로 발전시켰다. 즉, 미국은 혁신과 기술 발전을 우선시하는 문화가 강하다는 특징을 갖고 있다. 이는 빠른 AI 기술 개발과 상용화를 가능하게 하지만, 윤리적 문제에 대한 대응이 상대적으로 늦어질 수 있다.

특히 미국에서는 빅 테크 기업들이 AI 윤리의 주도적인 역할을 하고 있다. 구글, 마이크로소프트, IBM 등 주요 빅 테크 기업들은 자체적인 윤리 기준을 마련하고, 이를 통해 글로벌 AI 윤리 논의에도 영향을 미치고 있다. 반면에 유럽은 사회적 가치와 공공의 이익을 중시하는 전통이 강하다. 이는 AI 윤리에서도 인간 중심 접근을 강조하게 만들고 있다. 유럽은 기술에 대한 공공의 신뢰를 중요하게 여기며, 이를 위해 투명성과 공정성을 강조한다. 이는 AI 기술이 사회적 수용성을 얻기 위해 필수적이다. 또한 미국에서는 주로 기업들이 윤리적 기준을 설정하고 주도하는 반면, 유럽에서는 정부와 규제 기관이 더 큰 역할을 한다. 두 접근 방식 모두 장단점이 있으며, 상호 보완적인 요소들을 통해 글로벌 AI 윤리 기준을 발전시키는 데 기여할 수 있을 것이다.

미국 정부의 AI 윤리

미국 정부는 AI 기술의 발전과 함께 AI 윤리를 확보하기 위해 다양한 조치와 제도를 준비 및 진행하고 있다. 예를 들면, 미국 샌프란시스코 검찰은 2024년 10월 14일에 캘리포니아 주법원에 딥페이크 성 착취물을 제작하는 웹사이트 16개의 폐쇄를 요구하는 소송을 제기했다. 미국 지방 자치 단체 중에서 인공지능을 활용한 딥페이크 제작 웹사이트를 상대로 한 최초의 소송 등이 있다.

AI 윤리 가이드라인, 국립 표준 기술 연구소(NIST)의 AI 리스크 관리 프레임워크, 국가 AI 이니셔티브 법안, AI 자문 위원회, 교육 프로그램, 연구 지원, 민간 부문과의 협력 등을 통해 AI 기술이 사회적, 경제적, 윤리적 측면에서 긍정적인 영향을 미칠 수 있도록 노력하고 있다.

구체적으로 미국은 연방 차원에서 2020년 12월에 '국가 AI 이니셔티브 법(National Artificial Intelligence Initiative Act of 2020)'을 마련하고, 책임 있는 AI R&D 투자를 위한 'AI R&D 전략 계획 2023년 업데이트(National Artificial Intelligence Research and Development Strategic Plan: 2023)'과 2023년 10월 연방 정부의 책임 있는 인공지능 혁신에 관한 포괄적 전략인 '안전 · 보안 및 신뢰할 수 있는 인공지능에 관한

행정명령(Executive Order on Safe, Secure, and Trustworthy Artificial Intelligence)'을 통해 기존 법제 내 부처별 지침과 제도를 추진했다. 그 외 2024년 5월 미국 '양당 상원 인공지능 작업단(Bipartisan Senate AI Working Group)'은 '인공지능 분야에서의 미국의 혁신 추진: 미국 상원 내 인공지능 정책을 위한 로드맵(Driving U.S. Innovation in Artificial Intelligence: A Roadmap for Artificial Intelligence Policy in the United States Senate)'을 진행했다.

특히 2023년 바이든 행정부의 'AI 행정 명령'은 AI의 개발과 활용을 안전하고 윤리적으로 관리하기 위한 다양한 조치를 포함하고 있다. 첫째, AI 안전과 책임성 강화다. 행정부는 AI 시스템이 공공의 안전과 보안을 위협하지 않도록 하기 위해, 신뢰할 수 있는 AI 개발 기준을 마련할 것을 촉구하고 있다. 특히, AI가 사람의 생명에 영향을 미치는 분야(예: 의료, 자율 주행차 등)에서는 엄격한 검토와 인증 절차를 요구한다. 둘째, 윤리적 AI 개발 촉진이다. AI 기술이 윤리적 기준에 부합하게 개발되도록 하고, 편향과 차별을 방지하기 위한 지침을 마련하고 있다. AI 시스템이 결정하는 과정에서 투명성을 확보하고, 사용자가 AI의 결정 과정을 이해할 수 있도록 지원한다. 셋째, 데이터 프라이버시 보호다. AI 시스템이 수집하고 처리하는 데이터의 프라이버시와 보안을 강화한다. 사용자의 개인 정보를 보호하기 위한 정책과 기술적 조치를 포함해, 데이터의 수집 및 사용에 관한 명확한 규정을 마련한다. 넷째, AI 연구와 혁신 촉진이다. AI 기술의 발전과 혁신을 지원하기 위해 연구 자금을 지원하고, 학계와 산업 간의 협력을 장려한다. AI 관련 기술의 상용화를 지원하고, 신뢰할 수 있는 AI 솔루션을 개발하기 위한 연구 및 개발 노력을 강화한다. 다섯째, AI 교육과 인력 개발이다. AI 기술에 대한 교육과 훈련을 강화해, AI 관련 직무를 수행할 수 있는 인재를 양성한다. 공공과 민간 부문 모두에서 AI 관련 지식과 기술을 발전시킬 수 있도록 교육 프로그램을 개발한다. 여섯째, 국제 협력과 표준화다. 국제적인 AI 기준과 협력 체제를 강화해, 글로벌 차원에서 AI의 안전성과 윤리성을 보장하기 위한 노력을 촉구한다. 다른 국가와 협력해 AI 기술의 글로벌 규제를 논의하고, 국제적인 표준을 수립하는 데 기여하고자 한다. 이 행정 명령은 AI 기술의 발전이 사회에 미치는 영향을 관리하고, 기술의 안전하고 윤리적인 사용을 보장하기 위한 포괄적인 접근 방식을 담고 있다. 이를 통해 미국 내에서 AI 기술이 책임감 있게 발전하도록 하고, 국민의 안전과 권리를 보호하는 데 중점을 두고 있다. 이러한 다양한 행정 조치들은 AI 기술이 사회적, 경제적, 윤리적 측면에서 긍정적인 영향을 미칠 수 있도록 하는 것을 목표로 하고 있다.

법무 법인 세종이 발표한 자료(2024)에 따르면, 미국 중앙 정부는 2024년 2월 1일 '2024 인공지능 환경 영향법(Artificial Intelligence Environmental Impacts Act of 2024)'을 발의했다. OpenAI 연구 리서치 내용에 따르면 2012년 이후 AI 모델 훈련에 필요한 컴퓨팅 성능이 약 3.4개월마다 두 배로 증가함에 따라, 2040년까지 정보통신 기술(ICT) 산업 전반에서 발생하는 온실가스 배출량이 전 세계 배출량의 14%에 달할 것으로 예상되고 있다. 이러한 상황에서, AI가 환경에 미치는 영향을 연구할 필요성 또한 대두하기 시작한 것이다.

AI가 환경에 미치는 영향을 정확히 파악하는 것을 목적으로 하는 이 법안은 구체적으로 다음과 같은 내용을 포함한다.

① AI의 환경 영향에 대한 연구: 환경 보호국(EPA, Environmental Protection Agency)은 2년 이내 AI의 환경 영향에 대한 연구를 수행한다. 에너지와 물 소비량 연구, 전

자 폐기물 발생 관련 하드웨어의 수명 주기 조사 및 그 외 AI 애플리케이션이 환경에 미칠 수 있는 모든 긍정적, 부정적 영향을 평가

② AI 환경 영향에 관한 컨소시엄 소집: AI가 환경에 미치는 영향을 측정하기 위한 지표 개발을 목적으로 하는 이해관계자 컨소시엄 소집

③ AI 환경 영향의 자발적 보고 시스템 구축: AI 개발, 운영 기업이 AI가 환경에 미치는 영향을 자발적으로 보고할 수 있는 시스템 구축

④ 의회 보고: 제정일로부터 4년 이내에 EPA, 에너지부, 국립 기술 표준원(NIST)은 컨소시엄의 조사 결과, 자발적 보고 시스템에 대한 설명 및 추가 입법/행정 조치에 대한 권고 사항을 포함한 보고서를 공동으로 제출

미국에서 AI 환경 영향법이 제정 및 시행되면 이에 따라 AI 기술이 환경에 미치는 영향들에 대한 상세한 연구 및 조사가 수행되고 이를 바탕으로 환경에 미치는 부정적 영향을 최소화하기 위한 각종 규제가 도입될 것으로 예상된다. 결국 기업들은 이러한 새로운 규제 도입 가능성을 염두에 두면서 AI 기술 개발 과정에서 에너지 효율성 제고 등 환경에 미치는 부정적 영향을 줄여 나감과 동

시에 관련 보고 시스템을 구축하는 데 관심을 기울여야 할 것이다.

주 정부 차원의 미국 캘리포니아주 의회에서는 현재 약 30개 이상의 AI 관련 법안이 심사 중에 있으며, 담당 부처 차원의 규제안도 제안되는 등, 미국 내 그 어느 주 정부보다도 활발하게 AI 관련 규제에 대해 논의가 진행되고 있다. 특히 캘리포니아주 개인 정보 보호국(CPPA)은 "자동화된 의사 결정 기술(ADMT)"에 관한 규정 초안을 발표했다. CPPA는 ADMT 규정 초안을 바탕으로 올해 내내 최종안의 작성 및 공식적인 채택 절차를 진행해 나갈 예정이다.

구체적으로, ADMT 규정은 기업의 ADMT 활용으로부터 소비자(직원 및 입사 지원자까지 포함)를 광범위하게 보호하기 위한 것으로 최종 확정되면 기업에게는 아래와 같은 의무가 부과된다.

① 소비자에게 기술 사용, 의사 결정 과정, 소비자의 거부권(및 정보 접근권)에 대해 사전 고지

② 직원의 보상, 업무 할당 또는 배정, 채용 결정 등 소비자의 삶에 중대한 영향을 미치는 결정에 대해 소비자가 ADMT 사용을 거부할 수 있도록 허용

③ 소비자에게 ADMT 사용 정보에 대한 액세스 권한을 제공

그런데 현재 업계에서는 ADMT 규정 초안의 일부 사항이 CPPA에 부여된 직무 권한을 넘어선다는 우려를 표명하고 있기 때문에 CPPA로서는 최종안 작성 및 채택 과정에서 우려가 제기된 사항을 수정해 나갈 가능성이 높다. 현재로서는 ADMT 규정이 공식적으로 채택된 것은 아니지만 캘리포니아주에 진출하거나 진출하려는 기업/개인 등은 언제라도 위와 같은 규제가 도입될 수 있다는 점을 염두에 두어야 할 것이고 이러한 규제가 다른 주 차원으로 확대될지, 그리고 궁극적으로 연방 차원으로 확대될지에 대해서도 지속적으로 관심을 기울일 필요가 있다.

AI 윤리 원칙과 가이드라인

미국 백악관 과학 기술 정책실(OSTP)은 2020년 AI 윤리 가이드라인을 발표했다. 이 가이드라인은 연방 기관이 AI 시스템을 개발하고 사용할 때 따라야 할 원칙을 제시하고 있다. 주요 원칙에는 공정성, 비차별, 투명성, 안전성, 보안, 책임성이 포함된다.

국립 표준 기술 연구소(NIST)의 AI 리스크 관리 프레임워크

NIST는 AI 시스템의 위험을 평가하고 관리하기 위한 프레임워크를 개발하고 있다. 이 프레임워크는 AI 시스템의 신뢰성과 안전성을 보장하기 위한 표준과 지침을 제공한다. NIST는 AI 시스템의 투명성, 공정성, 책임성, 견고성, 신뢰성을 강조하며, 이를 달성하기 위한 기술적, 운영적, 관리적 조치를 제안한다.

연방 정부의 AI 전략: 국가 AI 이니셔티브 법안

2020년 12월, 미국 의회는 국가 AI 이니셔티브 법안을 통과시켰다. 이 법안은 AI 연구와 개발을 촉진하고, AI 기술의 윤리적 사용을 보장하기 위한 전략적 계획을 수립하는 것을 목표로 한다. 이 법안은 연방 정부, 학계, 산업 간 협력을 강화하고, AI 연구소와 혁신 허브를 설립해 AI 기술의 책임 있는 개발을 지원한다.

AI 윤리 및 정책 자문 위원회

미국 정부는 AI 윤리에 관한 문제를 다루기 위해 'AI 자문 위원회'를 설립했다. 이 위원회는 AI 기술의 개발과 사용이 윤리적 원칙을 준수하도록 자문을 제공하고, 정책을 제안한다. 위원회는 다양한 분야의 전문가들로 구성되어 있으며, AI 기술의 사회적 영향, 데이터 프라이버시, 편향성 문제 등을 심의 및 분석 조정한다.

AI 관련 교육 및 인식 제고

미국 정부는 AI 기술과 윤리에 대한 인식을 제고하기 위해 다양한 교육 프로그램을 지원한다. 이는 AI 기술을 이해하고 윤리적 문제를 인식하는 데 필요한 지식을 제공하는 것을 목표로 한다. 이러한 프로그램은 학생, 공무원, 일반 대중을 대상으로 하며, AI 기술의 책임 있는 사용을 촉진한다.

AI 윤리 연구 지원

미국 정부는 AI 윤리와 관련한 연구를 지원하기 위해 연방 연구 자금을 제공한다. 이는 AI 기술의 윤리적, 사회적, 경제적 영향을 연구하고, 윤리적 문제를 해결하기 위한 방안을 모색하는 데 도움을 준다. 주요 연구 분야로는 AI의 공정성, 투명성, 책임성, 데이터 프라이버시, 보안 등이 있다.

민간 부문과의 협력: 공공-민간 파트너십

미국 정부는 AI 윤리 문제를 해결하기 위해 민간 부문과의 협력을 강화하고 있다. 이는 기술 기업, 연구 기관, 비영리 단체 등과의 협력을 통해 AI 윤리 기준을 마련하고, 이를 실천하는 데 기여하고 있다. 공공-민간 파트너십은 AI 기술의 개발과 사용이 사회적 가치를 존중하고, 공공의 이익을 증진하는 방향으로 이루어지도록 한다.

참고문헌

김용환 · 임희정(2021). 『AI(인공지능) 시대의 데이터 경제학』. 청람출판사.

김용환 · 임희정(2021). 『빅데이터 분석: 코로노믹스(Coronomics) 사례』. 청람출판사.

김용환 · 임희정(2024). 『AI(인공지능) 경영론』. 청람출판사.

김용환 외(2023). 『포스트 휴먼과 융합』. 한울아카데미.

김용환(2022). 『연구윤리포럼』. 연구재단.

김용환(2023). 『연구부정 의심행위 조사 검증 매뉴얼』. 연구재단.

김용환(2024). 양자산업 트렌드와 시장분석. 혁신클러스터학회 추계학술대회.

김용환(2024). 『양자경제와 AI 산업혁신』. KIST.

법무법인세종(2024.3.27). 글로벌 인공지능(AI) 규제의 확산: 우리 기업의 새로운 비즈니스 전략이 필요한 결정적 시기. https://www.shinkim.com/attachment/38267

조선일보와 한국경제 및 AI타임스 등 주요 언론 기사들 참조.

한국지능정보사회진흥원(2024). 해외 주요국의 AI 규제 거버넌스 현황 및 시사점.

한국지능정보사회진흥원(NIA). ≪법제 Brief≫. 각호.

McKinsey(2024). Quantum Technology Monitor.

Microsoft Threat Analysis Center(MTAC)(2024.4). Same targets, new playbooks: East Asia threat actors employ unique methods. Microsoft Threat Intelligence. https://cdn-dynmedia-1.microsoft.com/is/content/microsoftcorp/microsoft/final/en-us/microsoft-brand/documents/MTAC-East-Asia-Report.pdf

06
미국 기업들의 AI 윤리

미국 기업의 AI 윤리는 유럽보다 기술 혁신 및 자율 규제와 기술 기업 중심의 가이드라인 접근 방식을 지향하고 있다. 2025년 파리 AI 정상 회의로 AI를 둘러싼 패권 경쟁이 본격화했다. 미국, 영국이 정상 선언문에 불참하고, 프랑스와 EU는 AI 개발에 대한 역량과 의지를 적극적으로 표출함으로써 미국, 중국, 그리고 유럽이 가세한 AI 패권 경쟁이 심화하고 있다. 특히 AI 기술 혁신을 선도하고 있는 미국의 주요 기업들은 공정성, 투명성, 책임성을 확보하고, 인간의 존엄성과 권리를 보호와 윤리적 문제를 해결하려는 다양한 노력을 하고 있다.

AI와 야구?

미국 기업들의 AI 윤리

미국 기업들은 AI 윤리에 대해 다양한 접근을 취하며, 자체적인 윤리 원칙과 정책을 수립하고 있다. 구글, 마이크로소프트, IBM, 페이스북, 아마존 등은 각자의 방식으로 AI 기술의 공정성, 투명성, 책임성을 확보하고, 윤리적 문제를 해결하려고 노력하고 있다. 이러한 사례들은 AI 윤리가 기업의 지속 가능한 발전과 사회적 신뢰를 확보하는 데 중요한 요소임을 보여 주고 있다.

그럼에도 2024년 9월 구글 · 메타 · 아마존 · 애플 · 바이트댄스(틱톡) 등 글로벌 빅 테크 기업들이 이용자를 대규모로 관찰하면서 이용자가 생각하는 것 이상으로 엄청난 양의 개인 정보를 수집하고 이를 비즈니스에 이용해 왔다고 미국 연방 거래 위원회(FTC: Federal Trade Commission)가 『스크린 뒤를 엿보다(A Look Behind the Screens)』 보고서를 발표했다. FTC는 2019~2020년에 유튜브 · 틱톡 · 페이스북 · X(옛 트위터) 등 13개 플랫폼을 운영하는 9개 빅 테크 기업에 자료 제출을 요구했고, 4년간 연구 끝에 이 플랫폼들의 데이터 수집 및 관리와 사용 실태를 분석한 보고서를 공개했다. 보고서에 따르면 이 플랫폼들은 대부분 무료로 운용되면서 이용자 연령, 성별, 사용 언어는 물론이고 결혼 및 자녀 유무,

교육 수준, 소득 계층, 건강 상태, 종교까지 각 웹사이트에 숨겨진 기술로 클릭 하나하나를 추적해 세세한 정보를 수집하고 있다. 이용자 데이터를 사실상 무기한 보관하고, 이를 특정 이용자를 대상으로 하는 타깃 광고에 제공해서 막대한 수익을 올리고 있다. 반면 이용자들이 개인 정보 수집을 거부할 수 있는 방법은 손쉽게 제공되지 않아 속수무책으로 개인 정보를 빼앗기고 있다고 보고서는 분석해 설명했다. 심지어 많은 앱에서 청소년도 성인처럼 개인 정보 수집 대상이 됐다고 분석했다. FTC는 빅 테크들의 개인 정보 수집 실태가 "용납할 수 없는 수준"이라고 평가했다. FTC는 빅 테크 기업들이 개인 정보를 공유하며 이익을 극대화하는 상황을 '상업적 감시 생태계(Commercial Surveillance Ecosystem)'라고 했다. 이를 고착화하고, 이에 따라 시장 경쟁이 저해되는 폐해가 크다고 설명했다. 즉, 자율 규제는 실패했으며, 이 기업들의 개인 정보 수집이 사생활을 위험에 빠뜨리고 자유를 위협하며 신원 도용에서부터 스토킹에 이르기까지 수많은 피해를 야기할 수 있다는 것이 FTC의 판단이다. 미국에서는 이번 보고서를 토대로 FTC가 빅 테크에 대한 규제를 높일 것이라는 가능성이 있다.

주요 미국 기업들의 AI 윤리

구글(Google)

구글은 글로벌 검색 시장의 약 90%를 장악하고 있다. 2018년 구글은 'AI 원칙'을 발표하며, AI 개발과 사용에서 지켜야 할 일곱 가지 원칙을 제시했다. 여기에는 사회적 이익 추구, 편향 방지, 안전성, 책임성, 개인 정보 보호 등이 포함된다. 구체적으로 구글은 AI 기술이 사회에 긍정적인 영향을 미치도록 다음과 같은 원칙을 준수하고 있다. 첫째, 사회에 유익한 AI 개발이다. AI 기술이 사회 전반에 이익을 제공하도록 노력한다. 둘째, 편견 없는 공정한 AI다. AI 시스템이 편향 없이 공정하게 작동하도록 설계한다. 셋째, 안전성 확보다. AI 시스템이 안전하게 개발되고 테스트되도록 한다. 넷째, 책임성 부여다. AI 시스템의 결과에 대해 사람이 책임을 질 수 있도록 한다. 다섯째, 개인 정보 보호다. 개인 정보 보호를 위한 설계 원칙을 반영한다. 여섯째, 과학적 우수성 추구다. 과학적 우수성을 추구하며 AI 기술을 개발한다. 마지막으로 AI 남용 방지다. AI 기술이 악용되지 않도록 방지한다.

또한 구글은 다음과 같은 AI 응용 분야를 추구하지 않는다. 첫째 해를 끼치는 기술이며, 전반적인 해를 끼칠 가능성이 높은 기술이다. 둘째 무기 개발이며, 무기나 폭력적인 목적의 기술이다. 셋째 감시 기술이며, 국제적으로 인정된 규범을 위반하는 감시 기술이다. 넷째 인권 침해 기술이며, 인권을 침해하는 기술이다. 이러한 원칙은 구글의 AI 연구와 제품 개발에 적용되며, AI 기술이 책임감 있게 개발되고 사용되도록 보장한다.

이 원칙들은 구글의 AI 연구 및 제품 개발에 적용되며, 모든 AI 프로젝트는 이 원칙을 준수해야 한다. 또한 AI 윤리 위원회를 설립해 운영했다. 구글은 외부 전문가로 구성된 AI 윤리 위원회를 설립해, AI 원칙의 준수 여부를 평가하고 자문을 구하고자 했다. 그러나 다양한 논란 끝에 이 위원회는 해체되었다. 이후 구글은 내부 윤리팀을 강화하고, 지속적으로 AI 윤리 관련 문제를 검토하고 있다.

≪뉴욕 포스트≫에 따르면 2024년 5월, 구글은 메타, 오픈AI 등과 함께 AI의 안전한 개발을 약속하는 글로벌 정상 회담에 참여했다. 이 회담에서 기업들은 AI 안전성, 혁신, 포용성을 우선시할 것을 다짐했다. 2024년 7월, 구글코리아는 법조계, 학계, IT 업계 및 스타트업 등 분야별 전문가들로 구성된 '책임감 있는 AI 포럼'을 개최했다. 이 포럼에서는 설명 가능한 AI(explainable AI, XAI)를 통한 안전하고 유익한 AI 활용 방향에 대해 논의했다.

또한 안전한 온라인 환경 조성을 위한 '세이퍼 위드 구글(Safer with Google)' 행사와 연계해 진행되었다.

≪타임(TIME)≫에 따르면 2024년 8월, 구글의 AI 연구 조직인 딥마인드의 직원 약 200명이 회사의 군사 계약 중단을 촉구하는 서한에 서명했다. 이들은 이러한 계약이 구글의 AI 원칙을 위반한다고 주장하며, 내부 조사를 요구했다. 또한 2024년 10월, 구글은 AI의 발전을 위한 정책 어젠다를 발표했다. 이 어젠다는 기회, 책임, 보안을 중심으로 AI의 강점을 실현하고 그 혜택을 모두에게 나누는 것을 목표로 한다. 구글은 싱가포르의 AI 검증 프레임워크, 영국의 친혁신적 AI 규제 접근 방식, 미국 국립 표준 기술 연구소의 AI 위험 관리 프레임워크 등 전 세계 각국 정부의 정책 프레임워크를 지원하고 있다.

연합뉴스에 따르면, 구글은 AI 윤리 문제에 대한 연구를 강화하기 위해 AI 윤리 담당 연구진 규모를 두 배로 늘리겠다는 방침을 밝혔다. 현재 구글에서 AI의 윤리적 책임 문제를 연구하는 인원은 200명이며, 이를 400명으로 확대할 계획이다.

마이크로소프트(Microsoft)

마이크로소프트는 인공지능 기술의 개발과 활용에 윤리

적 책임을 다하기 위해 다양한 원칙과 정책을 수립하고 있다. 마이크로소프트는 AI 시스템의 개발과 배포에 다음의 여섯 가지 핵심 원칙을 준수하고 있다. 첫째 공정성이며, AI 시스템이 모든 사용자에게 공정하게 작동하도록 설계한다. 둘째 신뢰성 및 안전성이며, AI 시스템이 신뢰할 수 있고 안전하게 작동하도록 보장한다. 셋째 개인 정보 보호 및 보안이며, 사용자의 개인 정보를 보호하고 보안을 유지한다. 넷째 포용성이며, AI 기술이 다양한 사용자와 커뮤니티를 포용하도록 한다. 다섯째 투명성이며, AI 시스템의 작동 방식과 의사 결정 과정을 투명하게 공개한다. 여섯째 책임성이며, AI 시스템의 결과와 영향에 대해 책임을 진다. 이러한 원칙은 마이크로소프트의 모든 AI 연구와 제품 개발에 적용되며, AI 기술이 책임감 있게 개발되고 사용되도록 보장하고 있다. 특히 책임 있는 AI 구현을 위한 접근 방식으로 AI 윤리 위원회인 Aether를 통해 AI 관련 정책을 수립하고, 책임 있는 AI 문제에 대한 권장 사항을 제공한다. 또한 AI 시스템의 공정성, 투명성, 안전성을 확보하기 위한 도구와 시스템을 개발하고 운영한다. 그 외 직원들이 책임 있는 AI를 이해하고 실천할 수 있도록 교육과 훈련을 제공하고 있다. 이를 통해 마이크로소프트는 AI 기술의 신뢰성과 안전성을 확보하고, 사람 중심의 AI를 추구하고 있다.

마이크로소프트는 'AI 윤리와 책임 센터(Center for AI Ethics and Society)'를 설립해 AI 기술의 윤리적 사용을 촉진하고, 공정성, 신뢰성, 투명성 등을 보장하려고 했다. 이 센터는 AI 시스템의 설계, 개발, 배포 과정에서 발생할 수 있는 윤리적 문제를 검토하고 해결책을 제시한다. 구체적으로 책임 있는 AI를 위한 가이드, 도구, 사례 연구 등을 제공하며, 특히 'Azure Machine Learning'이 운용된다. 즉, 책임 있는 AI를 지원하는 기능과 도구를 포함해, AI 모델의 공정성, 해석 가능성, 투명성을 향상한다. 이러한 리소스를 통해 조직은 AI 시스템의 윤리적 문제를 식별하고 해결할 수 있다.

또한 마이크로소프트는 AI 기술을 활용해 사회적 문제를 해결하고자 하는 'AI for Good 프로그램'을 운영하고 있다. 이 프로그램은 의료, 환경, 인권, 교육 등 다양한 분야에서 AI 기술을 적용해 긍정적인 사회적 변화를 도모한다.

특히 MS 위협 분석 센터(MTAC, Microsoft Threat Analysis Center)는 마이크로소프트에서 사이버 위협을 분석하고 대응하는 전문 팀이다. 이 센터는 사이버 공격, 악성 코드, 그리고 기타 사이버 보안 위협에 대해 깊이 있는 분석을 수행하고, 이를 통해 기업과 사용자가 사이버 위협으로부터 자신을 보호할 수 있도록 돕는 역할을 한다. 2024년 4월 『같은 표적, 새로운 전술: 동아시아의 위협적 조직이 독특한 방법을 사용하다(Same targets, new playbooks: East Asia threat actors employ unique methods)』 보고서는 동아시아 지역에서 활동하는 사이버 위협 그룹이 사용하는 새로운 전술과 기법을 분석한 것으로, MTAC의 위협 분석 및 연구 결과를 바탕으로 작성되었다. 이 보고서는 사이버 공격의 패턴, 기술적 접근 방식, 그리고 최신 공격 방법을 상세히 다루며, 사이버 보안 분야의 전문가들에게 중요한 통찰력을 제공한다.

아이비엠(IBM)

IBM은 AI 개발 및 사용에서 준수해야 할 윤리 원칙을 발표했다. IBM은 AI 윤리 원칙을 수립해 데이터 책임 및 개인 정보 보호, 공정성, 설명 가능성, 투명성 등을 강조하고 있다. AI가 가져다주는 유익한 영향을 최적화하고, 위험과 부정적인 결과를 줄이기 위해 노력하고 있다. IBM은 AI 윤리 위원회를 통해 책임감 있는 혁신과 AI 및 신흥 기술의 발전을 촉진하고 있다. 이 위원회는 사고 리더십, 정책 옹호, AI 윤리에 대한 교육 및 훈련을 제공하며, 잠재적인 윤리 문제를 평가한다. IBM은 AI 윤리 거버넌스 프레임워크를 통해 AI 및 기타 기술을 개발, 배치 및 사용하는 과정에서 거버넌스 및 의사 결정을 제공하고, 회사 가치와의 일관성을 유지하며, 고객, 파트너 및 전 세계를 위한 신뢰할 수 있는 AI 발전을 추구하고 있다.

IBM은 모든 AI 프로젝트에 대해 이러한 원칙을 적용하고, AI 시스템의 공정성과 편향성을 검토한다. IBM은 AI 시스템의 투명성과 설명 가능성을 높이기 위해 'AI OpenScale' 플랫폼을 개발했다. 이 플랫폼은 AI 모델의 성능을 모니터링하고, 편향성을 분석하며, 결과의 신뢰성을 평가하는 기능을 제공한다.

IBM은 『2024 AI in Action 보고서』를 통해 AI 리더와 AI 학습자의 차이점, AI 과제와 우려를 극복해 진정한 가치를 실현하는 방법 등을 조사했다. 이 보고서는 AI 로드맵, 커뮤니케이션, 데이터 기반, 사용 사례 등의 인사이트를 제공한다.

메타(Meta; 페이스북)

세계 최대 소셜 미디어 기업 메타(구 페이스북)는 인공지능 기술의 개발과 활용에 윤리적 책임을 다하기 위해 다양한 원칙과 정책을 수립하고 있다. 메타는 AI 시스템의 개발과 배포에 다음의 핵심 원칙을 준수하고 있다. 첫째 공정성이며, AI 시스템이 모든 사용자에게 공정하게 작동하도록 설계한다. 둘째 투명성이며, AI 시스템의 작동 방식과 의사 결정 과정을 투명하게 공개한다. 셋째 책임성이며, AI 시스템의 결과와 영향에 대해 책임을 지고 있다. 넷째 프라이버시 보호이며, 사용자의 개인 정보를 보호하고 보안을 유지한다. 이러한 원칙은 메타의 모든 AI 연구와 제품 개발에 적용되며, AI 기술이 책임감 있게 개발되고 사용되도록 운영하고 있다.

메타는 AI 윤리와 관련한 연구를 지원하며, AI 기술의 공정성과 투명성을 증진하기 위해 노력하고 있다. 내부 AI 윤리팀을 통해 AI 기술이 불공정한 결과를 초래하지 않도록 검토하고, AI 시스템의 투명성을 높이기 위한 방안을 모색한다. 메타는 AI 모델의 공정성을 평가하고 개선하기 위한 도구인 페어니스 플로(Fairness Flow)를 개발했다. 이 도구는 AI 모델이 특정 그룹에 대해 편향된 결과를 내지 않도록 분석하고 조정하는 기능을 제공한다. 특히, 2024년 9월 메타의 자회사로 전 세계에서 20억 명이 사용하는 소셜 미디어 인스타그램이 주요 플랫폼

가운데 지금까지 가장 강력한 청소년 보호 정책을 도입하기로 했다. 소셜 미디어가 청소년들의 정신 건강에 큰 해악을 끼치고 음란물 범죄를 양산하는 주범으로 지목되면서 세계 각국이 강력한 규제와 처벌 정책을 계속 도입하자, 이에 대한 대책을 내놓은 것이다. 세계 최대 소셜 미디어 기업 메타의 자회사인 인스타그램은 2024년 9월 17일 '10대 계정(Teen Accounts)'이라는 새로운 청소년 보호 기능을 공개했다. 우선 기존 · 신규 청소년 이용자들의 계정은 모두 '비공개'가 기본값(default)으로 설정된다. 비공개 계정은 불특정 다수에게 게시물이 노출되는 공개 계정과 달리, 계정 소유자가 '팔로'를 허락한 사람만 게시물을 보고 대화를 걸 수 있다. 부모의 관리감독 기능도 대폭 강화된다. 부모의 계정과 연결할 경우, 자녀가 누구와 채팅하고 있는지를 확인하고, 자녀의 일일 인스타그램 사용 시간을 제한할 수 있다.

아마존(Amazon)

세계에서 가장 큰 사이버 시장을 보유하고 전자 상거래를 선도하고 있는 아마존은 AI 기술의 윤리적 사용을 위한 원칙을 수립하고, 모든 AI 프로젝트에 적용하고 있다. 아마존은 AI 시스템의 개발과 활용에 공정성, 투명성, 책임성, 프라이버시 보호, 안전성 등의 핵심 원칙을 준수하고 있다. 이를 통해 AI 기술이 사람 중심으로 발전하도록 노력하고 있다. 아마존은 AI 윤리 위원회를 통해 AI 관련 정책을 수립하고, 책임 있는 AI 문제에 대한 권장 사항을 제공하고 있다. 또한 엔지니어링 시스템을 통해 AI 시스템의 공정성, 투명성, 안전성을 확보하기 위한 도구와 시스템을 개발하고 운영하고 있다. 아마존은 개발자와 조직이 책임 있는 AI를 구현할 수 있도록 다양한 도구와 리소스를 제공한다. 책임 있는 AI 리소스 센터를 통해 가이드, 도구, 사례 연구 등을 제공하며, AWS(Amazon Web Services)를 통해 AI 모델의 공정성, 해석 가능성, 투명성을 향상하는 기능과 도구를 포함하고 있다. ≪중앙일보≫에 따르면 2024년 10월, 아마존은 AI 스타트업 앤스로픽(Anthropic)에 27억 5000만 달러를 추가 투자했고, 이를 통해 AI 기술의 발전과 함께 윤리적 책임을 다하기 위해 지속적으로 노력하고 있다. 특히, 아마존은 AI 기술이 공정하고 안전하게 사용되도록 하는 데 중점을 두고 있다.

아마존은 얼굴 인식 기술인 레커그니션(Recognition)의 사용을 제한하며, 이 기술이 인권을 침해하지 않도록 윤리적 가이드라인을 마련했다. 이와 관련해 아마존은

법 집행 기관에 대한 레커그니션 제공을 일시 중단하고, 이를 통해 기술 남용을 방지하고 있다.

참고문헌

김용환 · 임희정(2021). 『AI(인공지능) 시대의 데이터 경제학』. 청람출판사.

김용환 · 임희정(2021). 『빅데이터 분석: 코로노믹스(Coronomics) 사례』. 청람출판사.

김용환 · 임희정(2024). 『AI(인공지능) 경영론』. 청람출판사.

김용환 외(2023). 『포스트 휴먼과 융합』. 한울아카데미.

김용환(2022). 『연구윤리포럼』. 연구재단.

김용환(2023). 『연구부정 의심행위 조사 검증 매뉴얼』. 연구재단.

김용환(2024). "양자산업 트렌드와 시장분석". 혁신클러스터학회 추계학술대회.

김용환(2024). 『양자경제와 AI 산업혁신』. KIST.

법무법인세종(2024.3.27). 글로벌 인공지능(AI) 규제의 확산: 우리 기업의 새로운 비즈니스 전략이 필요한 결정적 시기. https://www.shinkim.com/attachment/38267

조선일보와 한국경제 및 AI타임스 등 주요 언론 기사들 참조.

한국지능정보사회진흥원(2024). 해외 주요국의 AI 규제 거버넌스 현황 및 시사점.

한국지능정보사회진흥원(NIA). ≪법제 Brief≫. 각호.

McKinsey(2024). Quantum technology monitor.

Microsoft Threat Analysis Center(MTAC)(2024.4). Same targets, new playbooks: East Asia threat actors employ unique methods. Microsoft Threat Intelligence. https://cdn-dynmedia-1.microsoft.com/is/content/micros

oftcorp/microsoft/final/en-us/microsoft-brand/documents
/MTAC-East-Asia-Report.pdf

07
대한민국의 AI 윤리

대한민국 정부는 'AI 3대 강국'으로 도약하기 위해 체계적인 계획을 추진하고 있다. 인공지능이 발전함에 따라 인간과 대등한 지식을 축적하거나 더 나아가 인간의 지식과 예측, 제어를 뛰어넘는 상황을 초래할 수 있다. 또한 인공지능이 취득한 개인 정보와 사생활 정보에 대한 유출이나 인공지능 서비스 이용에 대한 빈익빈 부익부 현상 등 인공지능의 부작용을 막기 위해 각 기업, 학계, 정부에서는 인공지능 윤리의 중요성을 인지하고 다양한 인공지능 윤리 가이드라인을 만들어 공유하고 있다.

AI와 윤동주?

정부의 AI 윤리

인공지능이 발전함에 따라 인간과 대등한 지식을 축적하거나 더 나아가 인간의 지식과 예측, 제어를 뛰어넘는 상황을 야기할 수 있다. 또한 인공지능이 취득한 개인 정보와 사생활 정보에 대한 유출이나 인공지능 서비스 이용에 대한 빈익빈 부익부 현상 등 인공지능의 부작용을 막기 위해 각 기업, 학계, 정부에서는 인공지능 윤리의 중요성을 인지하고 다양한 인공지능 윤리 가이드라인을 만들어 공유하고 있다. 이러한 접근들은 AI 기술이 사회에 긍정적인 영향을 미치고, 공공의 신뢰를 얻는 데 중요한 역할을 하고 있다.

2023년 9월 대한민국 정부는 디지털 환경에서의 자유와 권리, 공정과 안전 등의 원칙을 담은 '디지털 권리 장전'의 전체 내용을 공개했다. 디지털 권리 장전은 배경과 목적을 담은 전문과 함께 6장, 28개조가 담긴 본문으로 구성된다.

제1장에는 '디지털 공동 번영 사회 구현'을 위한 기본 원칙으로, ① 디지털 환경에서의 자유와 권리 보장, ② 디지털에 대한 공정한 접근과 기회의 균등, ③ 안전하고 신뢰할 수 있는 디지털 사회, ④ 자율과 창의 기반의 디지털 혁신 촉진, ⑤ 인류 후생의 증진 등 총 다섯 가지를

규정했다. 이어 제2장부터 제6장에서는 다섯 가지 기본 원칙을 구현하기 위한 시민의 보편적 권리와 주체별 책무(국가 · 기업 · 시민)를 세부 원칙의 형태로 규정했다. 특히 디지털 환경에서의 '자유와 권리 보장(제2장)'을 위해 키오스크 등에 차별 없이 접근할 수 있어야 한다는 '디지털 접근의 보장', 자신의 정보에 대한 열람 · 정정 · 삭제 · 전송을 보장하는 '개인 정보의 접근 · 통제', 플랫폼 노동, 원격 근무 등과 관련한 '디지털 근로 · 휴식의 보장' 등을 규정했다. 특히 해외와는 달리 AI 중심의 논의를 넘어 리터러시 향상, 격차 해소 등 디지털 전반의 이슈를 포괄했다. 윤리 · 규범적 논의 외에도 디지털 혁신을 강조하고 국제 연대 · 협력을 통한 인류 후생의 증진 등 차별화된 원칙과 권리를 규정했다는 특징이 있다.

전 세계 인공지능 기술 및 규범을 견인하는 AI G3(주요 3개국) 도약을 위한 민관 AI 최고위 거버넌스 'AI 전략 최고위 협의회'를 2024년 4월 출범했다. AI는 국가 경제 성장과 국민 삶의 수준을 좌우하는 핵심 경쟁력으로 떠오르고 있다. AI 기술 및 산업 경쟁력이 중요해지는 상황에서 빅 테크가 AI 분야에 경쟁적으로 투자하면서 주요국 정부는 예산 지원, 국가 전략 수립 등에 속도를 내고 있다. 대한민국 정부도 AI 기술 혁신과 산업 경쟁력 강화를 위한 전략 수립 등 정책적 노력을 지속했다. 이 과정에서 민간의 창의적인 아이디어와 우수한 역량을 정책에 반영 및 활용하기 위해 분야별(AI 반도체, 법 · 제도, 윤리, 인재 양성 등)로 민관 협의체를 운영했다. 하지만 생성형 AI 등장과 함께 AI가 산업 간 장벽을 넘어 인문 및 사회 분야로 확대되면서 다양한 논의가 필요해졌다. 정부가 분야별로 나뉘어 운영하던 포럼과 자문 위원회, 협의체 등을 아우르는 AI 전략 최고위 협의 회의가 필요하다고 판단한 이유다.

AI 전략 최고위 협의회는 과학 기술 정보 통신부 장관과 민간의 공동 위원장을 통해 운영된다. 정책 일반, AI 반도체, 연구 개발(R&D), 법 · 제도, 윤리 안전, 인재 등 AI 분야를 대표하는 최고의 민간 전문가 23명과 과학 기술 정보 통신부, 기획 재정부, 산업 통상 자원부, 중소 벤처 기업부, 교육부, 개인 정보 보호 위원회, 방송 통신 위원회 등 관계 부처 실장급 공무원 7인 등 32인으로 출범했다. 협의회는 기존 분야별 협의체 등을 활용한 여섯 개 분과를 운영한다. 또 국내 100여 개 이상 초거대 AI 기업과 스타트업으로 구성된 초거대 AI 추진 협의회를 외부 민간 자문단으로 만든다. AI 혁신 생태계 구현을 위한 정부의 투자 및 지원 등 정책 제언을 수렴하고 민관 상시적

소통 채널로 적극 활용하기 위해서다. 협의회는 먼저 AI 인재, AI 반도체 등 인프라 확충과 AI R&D 등 미래 원천 기술 선점을 넘어 AI 윤리 등 안전한 AI 활용을 위한 정책 제언과 자문 역할을 수행한다. 또 협의회에서 논의한 내용은 분과 위원회 및 과학 기술 정보 통신부, 소관 부처가 공동으로 이행 방안을 마련해 실행한다.

특히 대한민국 정부와 공공 기관들은 AI 기술의 윤리적 사용을 보장하기 위해 다양한 정책과 프로그램을 시행하고 있다. 구체적으로 정부와 공공 기관들은 AI 윤리 기준 제정, AI 윤리 교육, 데이터 프라이버시 보호, AI 보안 연구, AI 기술의 공정성 보장 등 다양한 방안을 통해 AI 윤리를 실천하고 있다. 다음은 정부와 공공 기관들이 AI 윤리를 실천하기 위해 취한 구체적인 사례들이다.

2024년 9월 대한민국 정부는 국가 인공지능 위원회 출범식 겸 1차 회의를 주재하면서, 대한민국을 2027년까지 AI 분야에서 미국 · 중국에 이은 3대 강국으로 도약시키겠다는 목표를 공개했다. 이런 계획을 포함한 '4대 AI 플래그십 프로젝트'를 발표했다. 정부가 AI 분야 전용 슈퍼컴퓨터 센터이자 데이터 센터에 해당하는 '국가 AI 컴퓨팅 센터'를 2조 원 규모로 조성하기로 했다. 대한민국 기업들은 2027년까지 AI 분야에 총 65조 원을 투자하고, 정부는 투자 기업에 세제 혜택을 제공한다.

주요 기관들의 AI 윤리

과학 기술 정보 통신부의 'AI 윤리 기준' 제정

과학 기술 정보 통신부(Ministry of Science and ICT, MSIT)는 AI 기술의 윤리적 사용을 촉진하기 위해 '사람 중심의 AI 윤리 기준'을 2020년 12월 발표했다. 이 기준은 인권 존중, 공정성, 투명성, 책임성, 프라이버시 보호, 안전성 등을 포함한다. 이를 통해 개발자, 사용자, 정책 입안자 모두가 준수해야 할 기본 원칙을 명확히 했다. 주요 원칙에는 인권 보호, 편향 방지, 투명성, 안전성, 데이터 보호 등이 있다. 2020년에 제정한 사람 중심의 인공지능 윤리 기준의 3대 기본 원칙, 10대 핵심 요건은 다음과 같다.

가. 3대 기본 원칙

① 인간 존엄성 원칙: 인간은 신체와 이성이 있는 생명체로 인공지능을 포함해 인간을 위해 개발된 기계제품과는 교환 불가능한 가치가 있다. 인공지능은 인간의 생명은 물론 정신적, 신체적 건강에 해가 되지 않는 범위에서 개발 및 활용되어야 한다. 인공지능 개발 및 활용은 안전성과 견고성을

갖추어 인간에게 해가 되지 않도록 해야 한다.

② 사회의 공공선 원칙: 공동체로서 사회는 가능한 한 많은 사람의 안녕과 행복이라는 가치를 추구한다. 인공지능은 지능 정보 사회에서 소외되기 쉬운 사회적 약자와 취약 계층의 접근성을 보장하도록 개발 및 활용되어야 한다. 공익 증진을 위한 인공지능 개발 및 활용은 사회적 · 국가적, 나아가 글로벌 관점에서 인류의 보편적 복지를 향상할 수 있어야 한다.

③ 기술의 합목적성 원칙: 인공지능 기술은 인류의 삶에 필요한 도구라는 목적과 의도에 부합하게 개발 및 활용되어야 하며 그 과정도 윤리적이어야 한다. 인류의 삶과 번영을 위한 인공지능 개발 및 활용을 장려해 진흥해야 한다.

나. 10대 핵심 요건

① 인권 보장: 인공지능의 개발과 활용은 모든 인간에게 동등하게 부여된 권리를 존중하고, 다양한 민주적 가치와 국제 인권법 등에 명시된 권리를 보장해야 한다. 인공지능의 개발과 활용은 인간의 권리와 자유를 침해해서는 안 된다.

② 프라이버시 보호: 인공지능을 개발하고 활용하는 전 과정에서 개인의 프라이버시를 보호해야 한다. 인공지능 전 생애 주기에 걸쳐 개인 정보의 오용을 최소화하도록 노력해

야 한다.

③ 다양성 존중: 인공지능 개발 및 활용 전 단계에서 사용자의 다양성과 대표성을 반영해야 하며, 성별 · 연령 · 장애 · 지역 · 인종 · 종교 · 국가 등 개인 특성에 따른 편향과 차별을 최소화하고, 상용화된 인공지능은 모든 사람에게 공정하게 적용되어야 한다. 사회적 약자 및 취약 계층의 인공지능 기술 및 서비스에 대한 접근성을 보장하고, 인공지능이 주는 혜택은 특정 집단이 아닌 모든 사람에게 골고루 분배되도록 노력해야 한다.

④ 침해 금지: 인공지능을 인간에게 직간접적인 해를 입히는 목적으로 활용해서는 안 된다. 인공지능이 야기할 수 있는 위험과 부정적 결과에 대응 방안을 마련하도록 노력해야 한다.

⑤ 공공성: 인공지능은 개인적 행복 추구뿐만 아니라 사회적 공공성 증진과 인류의 공동 이익을 위해 활용해야 한다. 인공지능은 긍정적 사회 변화를 이끄는 방향으로 활용되어야 한다. 인공지능의 순기능을 극대화하고 역기능을 최소화하기 위한 교육을 다방면으로 시행해야 한다.

⑥ 연대성: 다양한 집단 간의 관계 연대성을 유지하고, 미래세대를 충분히 배려해 인공지능을 활용해야 한다. 인공지능 전 주기에 걸쳐 다양한 주체들의 공정한 참여 기회를 보장

해야 한다. 윤리적 인공지능의 개발 및 활용에 국제 사회가 협력하도록 노력해야 한다.

⑦ 데이터 관리: 개인 정보 등 각각의 데이터를 그 목적에 부합하도록 활용하고, 목적 외 용도로 활용하지 않아야 한다. 데이터 수집과 활용의 전 과정에서 데이터 편향성을 최소화하도록 데이터 품질과 위험을 관리해야 한다.

⑧ 책임성: 인공지능 개발 및 활용 과정에서 책임 주체를 설정함으로써 발생할 수 있는 피해를 최소화하도록 노력해야 한다. 인공지능 설계 및 개발자, 서비스 제공자, 사용자 간의 책임 소재를 명확히 해야 한다.

⑨ 안전성: 인공지능 개발 및 활용 전 과정에 걸쳐 잠재적 위험을 방지하고 안전을 보장할 수 있도록 노력해야 한다. 인공지능 활용 과정에서 명백한 오류 또는 침해가 발생할 때 사용자가 그 작동을 제어할 수 있는 기능을 갖추도록 노력해야 한다.

⑩ 투명성: 사회적 신뢰 형성을 위해 타 원칙과의 상충 관계를 고려해 인공지능 활용 상황에 적합한 수준의 투명성과 설명 가능성을 높이려는 노력을 기울여야 한다. 인공지능 기반 제품이나 서비스를 제공할 때 인공지능의 활용 내용과 활용 과정에서 발생할 수 있는 위험 등의 유의 사항을 사전에 고지해야 한다.

교육부의 '사람의 성장을 지원하는 교육 분야 인공지능 윤리 원칙'

2022년 교육부(Ministry of Education, MOE)도 '사람의 성장을 지원하는 교육 분야 인공지능 윤리 원칙'을 공개했다. 교육부에서 2022년 초 인공지능이 교육 현장에서 안전하게 학습자의 성장을 지원할 수 있도록 사회적 담론 형성 및 자율 규제의 촉매제로서 윤리 원칙을 정의한 바 있다. 교육 분야에서 인공지능은 사람의 전 생애에 걸쳐 전인적 성장 지원을 최고 가치로 삼으며, 사람의 인격을 존중하고 개성을 중시해 사람의 능력이 효과적으로 발휘될 수 있도록 제공되어야 한다는 것을 대원칙으로 삼고 있다.

가. 3개 기본 원칙

① 학습자의 주도성 강화

② 교수자의 전문성 존중

③ 기술의 합목적성 제고 등

나. 9가지 세부 원칙

① 인간 성장의 잠재 가능성을 이끌어 낸다.

- 교육 분야 인공지능을 활용해 학습자의 데이터를 분석하

는 경우, 인공지능의 진단 또는 예측 결과가 개별 학습자에 대한 낙인 효과를 갖지 않도록 노력해야 한다.

• 인공지능의 지원을 받는 부분에서 과도한 진단이나 예측은 자제하고, 인공지능을 활용한 학습 진단이나 예측 결과의 고지에도 신중을 기해야 한다.

② 모든 학습자의 주도성과 다양성을 보장한다.

• 인공지능의 교육적 활용은 학습자가 학습에 대한 자기 주도성을 적극적으로 발현할 수 있도록 지원하는 것이어야 한다.

• 교육 분야의 인공지능은 교육 내용 · 방법, 학습 진단과 진로 판단 등에 인공지능의 사용으로 학습자의 주도성을 억압하지 않도록 유의해야 한다.

• 인공지능의 활용은 교육의 획일화를 지양하고 학습자의 개별적인 필요에 대한 맞춤형 교육을 시도하기 위한 것이어야 한다.

③ 교육 당사자 간의 관계를 공고히 유지한다.

• 교육 분야 인공지능은 사회 공동체 일원의 권리 보호 및 배려를 통한 공동체 형성과 유지를 돕는 방향으로 적용되어야 한다.

• 교육 분야 인공지능이 학습자의 개별 학습 경험을 강화함에 따라 사회적인 관점에서 교육 공동체 유지와 지속에

대한 논의가 필요하다.

• 유네스코에서 강조하는 바와 같이 교육 분야 인공지능은 교수자와 학습자, 학습자와 학습자 등 인간적 관계의 확대를 지원해야 한다.

④ 교육의 기회 균등 실현을 통해 공정성을 보장한다.

• 교육의 기회 균등 실현을 위해 인공지능을 활용한 교육에 대한 사회적 약자의 접근성 강화가 필요하다.

• 교육의 기회 균등은 '교육 기본법'에서 정하는 기본 원칙으로, 교육 분야 인공지능을 활용함으로써 누리는 혜택으로부터 소외되는 사람이 없도록 노력해야 한다.

⑤ 교육 공동체의 연대와 협력을 강화한다.

• 인공지능을 활용해 교육을 바꾸어 나가기 위해서는 교수자, 행정 기관 등 교육 당사자와 연구자 및 개발자, 에듀테크 기업 등의 다양한 관계자가 협력하고 함께 도전할 수 있는 기반이 마련되어야 한다.

• 더불어 교육은 학습자를 미래 사회의 일원으로 양성하는 것으로, 중장기적인 영향을 고려하는 등 미래 세대에 대한 배려를 바탕으로 교육 분야 인공지능의 활용이 이루어져야 한다.

⑥ 사회 공공성 증진에 기여한다.

• 교육은 공동체의 일원으로서의 민주 시민을 양성하는 과

정으로, 교육의 디지털 전환에 대응해 미래 세대를 위한 새로운 윤리 의식의 정립이 필요하다는 공감대가 형성되고 있다.

• 이에 따라 교육 분야 인공지능은 사회를 긍정적인 방향으로 이끌고 공공성을 증진하는 방향으로 활용되어야 한다.

⑦ 모든 교육 당사자의 안전을 보장한다.

• 교육은 학습자의 가치관과 인격 형성의 주된 요인이므로 교육 분야 인공지능의 안전성을 보장하는 것은 매우 중요하다.

• 특히 교육 현장에서의 학습자는 대부분 미성년으로 인공지능 데이터의 불건전 · 편향성 등을 배제하는 인공지능 안전성이 확보되지 않을 경우, 미래 세대에 미칠 부정적 영향이 매우 클 수 있다.

• 따라서 교육 분야 인공지능의 잠재적 위험으로 인한 피해를 최소화하고 실효성 있는 피해 구제를 위한 책임 주체와 범위를 명확히 해야 한다.

⑧ 데이터 처리의 투명성을 보장하고 설명 가능해야 한다.

• 교육이 이루어지는 과정에서 인공지능의 영향을 예측하고 진단하기 위해 데이터 수집 · 정제 · 선택 등의 처리 과정이 투명해야 한다.

• 또한 교수 · 학습 과정 등에서 활용되는 인공지능이 적재적소에 활용되고 교육적 효과를 발휘하기 위해서는 인공지

능이 분석한 결과에 대한 근거와 판단 자료를 교육 당사자가 이해할 수 있는 언어나 형태로 제공해야 한다.

⑨ 데이터를 합목적적으로 활용하고 프라이버시를 보호한다.

• 교육 분야에서 인공지능에 활용되는 데이터는 합목적성이 강조되어야 하며 불필요한 데이터를 과도하게 수집하지 않도록 해야 한다.

• 비식별화하기 어려운 개인 정보 및 민감 정보의 공개와 활용에 대해 당사자에게 적절히 고지하고 선택할 수 있도록 해야 한다.

• 교육 과정에서 인공지능에 제공되는 데이터는 교육 당사자의 학습 이력, 건강 · 상담 기록 등 민감한 정보일 경우가 많을 수 있어 보다 엄격한 관리가 필요하다.

문화 체육 관광부의 AI 저작권법 제도 개선

기술 발전에 따라 일반인도 쉽게 인공지능을 활용할 수 있다는 기대가 커지는 한편, AI 학습을 위해 인간의 저작물을 저작권자 허락 없이 마음대로 활용하는 것이 타당한지, AI가 산출해 낸 글과 그림, 음악 등을 인간의 것과 마찬가지로 저작물로 보호해야 하는지, AI 산출물을 보호한다면 누구에게 권리를 부여할 것인지 등 기존 저작권법 체계에서는 생각할 수 없던 다양한 이슈도 함께 떠오르고 있다.

문화 체육 관광부(Ministry of Culture, Sports and Tourism, MCST)와 한국 저작권 위원회는 2023년 10월 '생성형 인공지능과 저작권'을 주제로 '2023 서울 저작권 포럼'을 개최했다. 생성형 인공지능의 발달로 이를 활용한 창작물이 늘어나는 가운데 이와 관련한 'AI 저작권 관련 활용 가이드' 초안이 일부 공개됐다. 이는 가이드를 담은 목록 정도만 간략하게 소개한 것으로, 한국 저작권 위원회는 연내에 가이드를 내놓는 것을 목표로 하고 있다. 가이드는 생성형 AI 사용자에게 ① 저작권 등 타인의 권리를 침해하지 않도록 주의, ② 학문 · 창작 커뮤니티 등의 윤리 및 정책을 고려, ③ AI 모델, 학습 데이터 및 이용 조건 확인 등을 요구하고 있다. 또한 생성형 AI 산출물의 저작권 등록 가능 여부, 등록 시 유의 사항 등의 내용도 담을 예정이라고 설명했다.

한국 연구 재단 연구 윤리 가이드와 '생성형 인공지능 도구의 책임 있는 사용을 위한 권고 사항'

한국 연구 재단은 정부 연구 과제를 지원 및 관리하는 전문 기관으로, 연구 과제를 수행하면서 지켜야 할 원칙이나 행동 양식 및 연구 윤리 지침 등을 제공한다. 연구 윤리 활동 지원 사업으로 연구 윤리 교육 강화, 현장 지원, 기반 조성 등을 지원하고 있다. 특히 연구 윤리 정보 포털(cre.nrf.re.kr)을 운영하면서, 연구 윤리 가이드라인 및 지침 등을 제공한다. 책임 있는 연구 수행을 위한 구체적 연구 윤리 준수 사항 등 연구 기관, 연구 윤리 전문가 등에게 연구 윤리 가이드라인을 수립해 지원한다. 또한 건전한 학술 연구 풍토 조성과 연구 윤리 확립을 위해 가이드라인을 지원하고 있다.

한국 연구 재단(National Research Foundation, NRF)에서 2024년 발표한 '생성형 인공지능 도구의 책임 있는 사용을 위한 권고 사항'은 연구자와 평가자들이 AI 도구를 윤리적으로 사용하도록 돕기 위해 마련되었다. 주요 내용은 연구 개발 과제 평가에 참여하는 평가 위원은 평가 자료를 생성형 AI 도구에 입력하지 말아야 한다. 또한 연구 개발 과제 신청자 및 수행자는 AI 도구 사용 내역을 연구 계획서와 보고서에 명시해야 한다. 이 권고 사항은 비밀 유지 의무를 준수하고, AI 도구 사용의 투명성을 높이기 위한 것이다.

한국 지능 정보 사회 진흥원의 AI 윤리 교육 및 인식 제고

한국 지능 정보 사회 진흥원(National Information Society Agency, NIA)은 AI 윤리 교육 프로그램을 개발해 공공 부문과 민간 부문 종사자들을 대상으로 교육을 실시하고 있다. 이 프로그램은 AI 윤리 원칙에 관한 사례를 다루며, 실무자들이 AI 윤리를 실천할 수 있도록 지원한다. 또한 AI 윤리의 중요성을 대중에게 알리기 위해 다양한 캠페인을 전개하고 있으며, 이를 통해 AI 윤리에 대한 인식을 제고하고 있다.

개인 정보 보호 위원회의 데이터 프라이버시 보호

개인 정보 보호 위원회(Personal Information Protection Commission, PIPC)는 AI 시스템이 개인 정보를 처리할 때 지켜야 할 구체적인 가이드라인을 제정했다. 이는 AI 시스템의 투명성, 데이터 최소화, 안전성 등을 강조한다. 또한 AI 시스템이 개인 정보에 미치는 영향을 사전에 평가하고, 이를 통해 개인정보 침해를 예방하는 제도를 운영하고 있다.

한국 인터넷 진흥원의 AI 보안 및 윤리 연구

한국 인터넷 진흥원(Korea Internet & Security Agency, KISA)은 AI 시스템의 보안 문제를 연구하고, AI 기술이

안전하게 사용될 수 있도록 지원한다. 이는 해킹, 데이터 유출 등의 보안 위협을 예방하기 위한 것이다. KISA는 AI 윤리와 관련한 연구를 수행하고, 이를 바탕으로 정책을 개발해 정부와 기업이 AI 윤리를 실천할 수 있도록 지원한다.

한국 전자 통신 연구원의 AI 기술의 공정성 연구

한국 전자 통신 연구원(Electronics and Telecommunica-tions Research Institute, ETRI)은 AI 시스템의 공정성을 보장하기 위해 데이터 편향성을 제거하는 연구를 수행하고 있다. 이는 AI 시스템이 특정 그룹에 대해 편향되지 않도록 하는 데 중점을 둔다. 또한 ETRI는 AI 시스템의 의사 결정 과정을 투명하게 만들기 위한 설명 가능한 AI(Explainable AI) 기술을 개발하고 있다. AI의 결과를 이해하고 신뢰할 수 있도록 돕는 기술이다.

한국 교육 과정 평가원의 AI 윤리 교육 강화

한국 교육 과정 평가원(Korea Institute for Curriculum and Evalution, KICE)은 초중등 교육 과정에 AI 윤리 교육을 포함하기 위해 노력하고 있다. 학생들이 AI 기술의 윤리적 문제를 이해하고, 책임감 있게 AI를 활용할 수 있도록 교육하는 것을 목표로 한다. 또한 교사들을 대상으로 AI 윤리 연수 프로그램을 운영해, 교사들이 학생들에게 AI 윤리를 가르칠 수 있도록 지원한다.

국가 인권 위원회의 인권 보호와 AI 윤리

국가 인권 위원회(National Human Rights Commission of Korea, NHRCK)는 AI 기술이 인권을 침해하지 않도록 감시하고, AI 기술이 인권을 증진하는 방향으로 사용될 수 있도록 가이드라인을 제시한다. AI 기술이 인권에 미치는 영향을 연구하고, 이를 바탕으로 정책 권고안을 정부와 기업에 제안한다.

사단 법인 대학 연구 윤리 협의회의 연구 윤리 집단 지성 커뮤니티

대학 연구 윤리 협의회는 2015년 대학교 연구 윤리(진실성) 위원회 상호 간의 유기적 협력 체계를 구축해, 연구 윤리 관련 지식과 정보를 교환하고 체계화함으로써 대학의 연구 윤리를 정착시키고 건전한 연구력 증진에 이바지하기 위해 전국의 120여 개 대학 연구 윤리(진실성) 위원회의 대표자들이 교육부와 한국 연구 재단 지원하에 출범했다. 2019년 대학 연구 윤리 협의회는 대학 등

학계, 과학 기술계, 연구계에서 제기되는 연구 윤리와 관련한 다양한 이슈를 심도 있게 논의하고 연구 윤리를 정착시킴으로써 합리적인 연구 역량을 증진하는 역할을 하고자 사단 법인으로 전환했다. 대학 연구 윤리 협의회(http://kucre.or.kr)는 연구 윤리 관련 지식과 정보를 교환을 하는 집단 지성 커뮤니티로 발전하면서, 연구 윤리 전문가들로 구성된 연구 윤리 플랫폼으로 다양한 연구 윤리 활동과 교육 및 지원을 하고 있다.

참고문헌

김용환 · 임희정(2021). 『AI(인공지능) 시대의 데이터 경제학』. 청람출판사.

김용환 · 임희정(2021). 『빅데이터 분석: 코로노믹스(Coronomics) 사례』. 청람출판사.

김용환 · 임희정(2024). 『AI(인공지능) 경영론』. 청람출판사.

김용환 외(2023). 『포스트 휴먼과 융합』. 한울아카데미.

김용환(2022). 『연구윤리포럼』. 연구재단.

김용환(2023). 『연구부정 의심행위 조사 검증 매뉴얼』. 연구재단.

김용환(2024). 양자산업 트렌드와 시장분석. 혁신클러스터학회 추계학술대회.

김용환(2024). 『양자경제와 AI 산업혁신』. KIST.

조선일보와 한국경제 및 AI타임스 등 주요 언론 기사들 참조.

한국지능정보사회진흥원(2024). 해외 주요국의 AI 규제 거버넌스 현황 및 시사점.

08
대한민국 기업들의 AI 윤리

글로벌 빅 테크들과 같이 대한민국 주요 기업들은 AI 기술 개발과 사용에서 준수해야 할 윤리 원칙을 수립해 운영하고 있다. 또한 대한민국 주요 기업들은 인공지능이 취득한 개인 정보와 사생활 정보의 유출 및 오남용을 방지하기 위해 다양한 제도적 조치와 대안을 마련하는 데 집중하고 있다. 즉, 주요 기업들은 인공지능 윤리의 중요성을 인지하고 다양한 인공지능 윤리 가이드라인을 만들어 공유하고 있다.

AI와 한의학?

배경

2018년 10월 설립된 영국의 언론 기관 '토터스 미디어(Tortoise Media)'는 2019년부터 각 국가별 AI 역량 수준을 세 개 영역으로 구분해 순위를 매긴 '글로벌 AI 인덱스(The Global AI Index)'를 발표한다. 토터스 미디어는 2024년 9월 19일 '글로벌 AI 인덱스 2024'를 발표했으며 대한민국은 전년도와 동일하게 종합 6위를 기록했다. 연도별 한국 종합 순위는 8위(2019) → 8위(2020) → 7위(2021) → 6위(2023) → 6위(2024)로 나타나고 있다. 한편, 미국과 중국은 여전히 AI 강국으로서의 지위를 유지하고 있다. 대한민국 주요 기업들은 AI 윤리의 중요성을 인식하고, 이를 실천하기 위해 다양한 조치를 준비하고 실행하고 있다. 대한민국은 글로벌 디지털 시장에서 글로벌 경쟁력을 갖고 있는 삼성전자, LG전자, 네이버, 카카오, SK텔레콤 등을 보유하고 있다. 삼성전자, LG전자, 네이버, 카카오, SK텔레콤 등은 AI 윤리 원칙을 수립하고, AI 윤리 위원회를 운영하며, AI 윤리 교육 프로그램을 운영하는 등 책임 있는 AI 기술 개발과 사용을 위해 노력하고 있다. 이러한 조치들은 AI 기술의 신뢰성을 높이고, 사회적 수용성을 증진하는 데 중요한 역할을 하고 있다.

주요 기업들의 AI 윤리

대한민국의 주요 기업들이 AI 윤리를 어떻게 실천하고 있는지 정리하면 다음과 같이 설명이 가능하다.

삼성전자(Samsung Electronics)

삼성전자는 AI 기술 개발 및 사용에서 준수해야 할 윤리 원칙을 수립했다. 이 원칙에는 투명성, 책임성, 공정성, 프라이버시 보호 등이 포함된다. 첫째 AI 시스템의 모든 단계에서 인권을 존중하며, 공정성과 다양성을 추구한다. 이를 통해 불공정한 편향을 조장하거나 강화하지 않도록 노력하고, 누구나 쉽게 접근할 수 있는 AI 시스템을 개발하고자 한다. 둘째 사용자가 AI 시스템과 상호 작용하고 있음을 인지할 수 있도록 하며, 기술적으로 가능한 범위 내에서 설명 가능한 AI 시스템을 구현하기 위해 노력한다. 또한 개인 정보 보호를 위해 강력한 보안 기술을 활용한다. 셋째 AI 시스템이 사회적 책임을 다할 수 있도록 노력하며, 안전성과 보안성을 유지한다. 또한 AI를 통한 사회 기여가 기업 문화로 자리 잡을 수 있도록 지속적으로 노력하고 있다.

삼성전자는 AI 기술의 윤리적 문제를 다루기 위해 삼성 리서치 AI 윤리 위원회를 설립했다. 이 위원회는 AI

기술의 개발 과정에서 윤리적 기준을 준수하도록 모니터링하고 조언을 제공한다. 또한 삼성전자는 임직원을 대상으로 AI 윤리 교육 프로그램을 운영하고 있다. 이는 AI 기술의 윤리적 사용과 관련한 인식을 높이고, 책임 있는 AI 개발을 장려하기 위한 것이다. 또한 삼성전자는 모든 고객이 편리함을 넘어 더 나은 디지털 라이프를 누릴 수 있도록 접근성과 개인 정보 보호 및 보안을 강화하고, AI 윤리를 고려하며 오픈 이노베이션을 추구하고 있다. 이러한 노력의 일환으로, 삼성전자는 2023년 11월 8일 '삼성 AI 포럼 2023'을 개최해 자체 개발한 생성형 AI '삼성 가우스'를 공개했다.

2024년 11월 삼성전자는 '삼성 AI 포럼 2024'를 개최해, AI 연구 현황을 공유하고 발전 방향을 모색했다. 글로벌 AI 포럼에서는 AI의 안전성과 윤리적 활용에 대한 논의가 이루어졌으며, 삼성전자의 AI 윤리 원칙과 실천 방안이 강조되었다. 삼성전자는 AI 윤리 원칙을 실천하기 위해 내부적으로 AI 윤리 협의회를 운영하고 있으며, 국제적인 AI 윤리 표준화 포럼에도 참여해 글로벌 동향을 파악하고 국내 실정에 맞는 AI 윤리 가이드라인을 개발·보급하고 있다.

LG전자(LG Electronics)

LG전자는 AI 윤리 헌장을 발표해 AI 기술의 개발 및 사용에서 지켜야 할 원칙을 제시했다. 이 헌장은 인간 존중, 공정성, 투명성, 책임성, 프라이버시 보호 등을 강조한다. 첫째 인간 존중 가치이며, AI 기술이 인간의 존엄성과 권리를 침해하지 않도록 개발하고 활용한다. 둘째 공정성 가치이며, AI 시스템이 편향 없이 공정하게 작동하도록 설계하고, 모든 사용자에게 동등한 혜택을 제공한다. 셋째 안전성 가치이며, AI 기술의 안전성을 확보해 사용자가 안심하고 이용할 수 있도록 한다. 넷째 책임성 가치이며, AI 시스템의 결과와 영향에 대해 책임을 지고, 문제 발생 시 신속하게 대응한다. 다섯째 투명성이며, AI 시스템의 작동 원리와 의사 결정 과정을 투명하게 공개해 사용자의 이해를 돕는다.

LG전자는 AI 윤리 문제를 전문적으로 다루기 위해 AI 윤리 센터를 운영하고 있다. 이 센터는 AI 기술의 개발 과정에서 발생할 수 있는 윤리적 문제를 분석하고 해결책을 제시한다. 또한 LG전자는 AI 기술이 특정 그룹에 대해 편향되지 않도록 공정성을 검토하는 절차를 마련했다. AI 시스템의 공정한 결과를 보장하기 위한 노력의 일환이다. 멀티 모달(텍스트 · 이미지 · 음성 등을 이해)

AI '엑사원'을 개발한 LG AI 연구원은 'AI 윤리 사무국'의 'AI 윤리 분야 정책 연구' 전문가를 중심으로, 글로벌 동향에 맞춰 AI 윤리 관련 연구 및 정책 방향을 수립하고, 국내외 이해관계자들과 소통한다.

LG AI연구원은 'LG AI 윤리 원칙'의 이행 성과를 담은 『AI 윤리 책무성 보고서』를 발간했다. 이 보고서는 유네스코의 'AI 윤리 권고'와 정부의 'AI 윤리 기준', '디지털 권리 장전'의 내용을 반영해 작성되었으며, 매년 보고서를 발간해 다양한 이해관계자들에게 투명하게 공개할 계획이다. 또한 LG전자는 AI를 적용한 생활 가전의 개발부터 폐기까지 전 과정에서 데이터 보안이나 윤리적 책임을 성실히 수행하고 있음을 인정받아 'AI 경영 시스템(ISO/IEC 42001)' 인증을 획득했다. 이를 통해 신뢰성과 안전성을 기반으로 인공지능 리스크 관리를 효과적으로 시행하고 있음을 국제적으로 인정받았다. 특히 LG AI 연구원은 유네스코와 AI 윤리 실행과 확산을 위한 협력 의향서(LOI)를 체결했다. 이를 통해 AI 윤리에 대한 이해와 인식 제고에 힘을 모으고, AI 윤리 영향 평가, 데이터 프라이버시와 보안을 보장하는 거버넌스 모델 등 인류와 지속 가능한 발전 모두에 기여하는 AI 기술 발전에 뜻을 같이하기로 했다.

네이버(Naver)

네이버는 AI 윤리 원칙을 공표하며, AI 기술의 개발과 사용에 윤리적 기준을 준수하고 있다. 네이버 AI 윤리 준칙의 주요 원칙은 첫째 사람을 위한 AI 개발이다. 네이버는 AI를 사람을 위한 일상의 도구로 개발하며, 인간 중심의 가치를 최우선으로 하고 있다. 둘째, 다양성의 존중이다. AI가 모든 사람에게 부당한 차별을 하지 않도록 개발하고 이용하며, 다양한 가치가 공존하는 경험과 기회를 제공한다. 셋째, 합리적인 설명과 편리성의 조화다. 사용자가 AI의 관여를 인지할 수 있도록 합리적인 설명을 제공하며, 누구나 편리하게 AI를 활용할 수 있도록 노력한다. 특히 2024년 6월 네이버는 AI 시스템 개발과 배포 전 과정에서 잠재적 위험을 인식하고 평가하며 관리하기 위한 대응 체계인 'AI Safety Framework(ASF)'를 발표했다. 이를 통해 AI 시스템의 통제력 상실 위험과 악용 위험을 각각 정의하고, 주기적인 위험 평가를 통해 안전한 AI 생태계를 구축하고자 한다.

네이버는 내부 AI 윤리 위원회를 통해 AI 기술의 윤리적 문제를 지속적으로 검토하고 있다. 이 위원회는 AI 기술이 사회에 미치는 영향을 평가하고, 윤리적 문제를 해결하기 위한 정책을 제안한다. 또한 네이버는 AI 윤리와 관련한 연구를 지원하고, 학계 및 연구 기관과 협력해 AI 기술의 윤리적 사용을 촉진하고 있다. AI 윤리 연구에 필요한 자금과 자원을 제공하는 것을 포함한다. '하이퍼클로바X'를 개발한 네이버는 2024년 1월 최고 경영자(CEO) 직속 AI 안전성 연구를 전담하는 조직인 '퓨처 AI 센터'를 설립해서 운영 중이다.

카카오(Kakao)

카카오는 AI 윤리 가이드라인을 제정해 AI 기술의 개발과 사용에서 지켜야 할 원칙을 명시했다. 카카오는 AI 시스템의 개발과 사용에 투명성, 공정성, 책임성, 프라이버시 보호, 안전성 등을 포함한 아홉 가지 윤리 원칙을 수립했다. 이러한 원칙들은 AI 시스템의 설계 단계부터 적용되어, 개발자와 사용자 모두에게 윤리적 가이드라인을 제공한다. 특히 2024년 10월, 카카오는 '카카오 AI 안전성 이니셔티브(Kakao ASI)'를 발표했다. 이는 AI 기술 개발과 운영 과정에서 발생할 수 있는 위험 요소를 사전에 식별하고 관리하기 위한 프로세스로, AI 윤리 원칙, 리스크 관리 사이클, AI 리스크 거버넌스 등으로 구성되어 있다.

카카오는 임직원을 대상으로 AI 윤리 교육을 실시해

AI 기술의 윤리적 사용과 관련한 인식을 높이고 있다. 이를 통해 직원들이 AI 기술의 윤리적 문제를 이해하고 책임감 있게 대응할 수 있도록 한다. 카카오는 AI 기술의 투명성을 높이기 위해 다양한 조치를 운영하고 있다. 이는 AI 시스템의 의사 결정 과정을 설명 가능하게 만들고, 사용자에게 AI 기술의 사용 목적과 방식에 대해 명확히 안내하는 것을 포함한다. 구체적으로 카카오는 2022년 7월 '카카오 공동체 기술 윤리 위원회'를 출범해 AI 윤리 고도화를 위한 거버넌스 체계를 구축했다. 또한 2023년 4월에는 '카카오 AI 정책 지원 태스크포스(TF)'를 신설해 AI 서비스 정책 및 방향성 수립을 지원하고 있다.

SK텔레콤(SK Telecom)

SK텔레콤은 AI 윤리 원칙을 제정해 AI 기술의 개발과 사용에서 지켜야 할 기준을 설정했다. 2024년 10월 SK텔레콤은 AI 거버넌스 기본 원칙인 'T.H.E. AI'를 실천하기 위한 'AI 행동 규범'을 수립하고 이를 사규에 반영했으며, 전 구성원이 실천 서약에 동참했다. 'T.H.E. AI'는 'by Telco, for Humanity, with Ethics AI'의 약어로, 통신 기술 기반(by Telco), 사람을 향한(for Humanity), 윤리적 가치 중심(with Ethics)을 의미한다. 'T.H.E. AI'의 주요 내용은 첫째, 통신 기술 기반이다. 이동 통신 사업에서 축적한 고객 데이터 관리 노하우를 다양한 AI 기술 서비스에 적용해, 고객에게 안전하고 신뢰할 수 있는 AI 서비스를 제공한다. 둘째, 사람을 향한이다. AI 기술이 모든 고객에게 편향 없이 작동하도록 해서 디지털 약자가 발생하지 않도록 하며, 교육, 건강, 고용 등 다양한 분야의 사회 문제 해결에 기여한다. 셋째, 윤리적 가치 중심이다. AI 기술에 비차별 · 비폭력 가치가 적극 적용될 수 있도록 관련 서비스 개발 및 운영 전반에 대한 구체적인 기준을 마련해 사람 중심의 AI를 추구한다.

SK텔레콤은 AI 윤리 위원회를 구성해 AI 기술의 윤리적 문제를 검토하고 해결책을 제시하고 있다. 이 위원회는 다양한 전문가들로 구성되어 있으며, AI 기술의 사회적 영향을 평가한다. 또한 SK텔레콤은 AI 윤리와 관련한 연구 및 개발을 지원하고 있으며, 학계 및 연구 기관과 협력해 AI 기술의 윤리적 사용을 촉진하고 있다. 특히 SK텔레콤은 2024년 4월 25일 국내 통신사 최초로 'AI 경영시스템' 국제 표준인 'ISO/IEC 42001' 인증을 획득했다. 이를 통해 신뢰성과 안전성을 기반으로 인공지능 리스크 관리를 효과적으로 시행하고 있음을 국제적으로 인정받았다. SK텔레콤은 이러한 AI 윤리 원칙을 기반으로 AI 기술의 신뢰성과 안전성을 확보하고, 사람 중심의 AI 서비스를 제공하기 위해 지속적으로 노력하고 있다.

참고문헌

김용환 · 임희정(2021). 『AI(인공지능) 시대의 데이터 경제학』. 청람출판사.

김용환 · 임희정(2021). 『빅데이터 분석: 코로노믹스(Coronomics) 사례』. 청람출판사.

김용환 · 임희정(2024). 『AI(인공지능) 경영론』. 청람출판사.

김용환 외(2023). 『포스트 휴먼과 융합』. 한울아카데미.

김용환(2022). 『연구윤리포럼』. 연구재단.

김용환(2023). 『연구부정 의심행위 조사 검증 매뉴얼』. 연구재단.

김용환(2024). 양자산업 트렌드와 시장분석. 혁신클러스터학회 추계학술대회.

김용환(2024). 『양자경제와 AI 산업혁신』. KIST.

조선일보와 한국경제 및 AI타임스 등 주요 언론 기사들 참조.

한국지능정보사회진흥원(2024). 해외 주요국의 AI 규제 거버넌스 현황 및 시사점.

09

AI와 ESG

인공지능 불평등 및 인공지능 윤리와 환경 · 사회 · 지배 구조(ESG)는 기업 경영과 사회적 책임뿐만 아니라 지속적인 성장의 핵심적인 패러다임으로 부상하고 있다. AI와 ESG는 서로 다른 분야에서 출발하지만, 궁극적으로는 인간 존중의 더 나은 사회와 지속적인 성장 및 발전을 만들기 위한 공통된 목표를 가지고 있다.

AI와 화장품?

AI와 ESG

AI 불평등 및 인공지능 윤리(AI Ethics)와 환경 · 사회 · 지배 구조(ESG)는 기업 경영과 사회적 책임뿐만 아니라 지속적인 성장의 핵심적인 패러다임으로 부상하고 있다. AI와 ESG는 서로 다른 분야에서 출발하지만, 궁극적으로는 인간 존중의 더 나은 사회와 지속적인 성장 및 발전을 만들기 위한 공통 목표를 가지고 있다고 할 수 있다. 인공지능 윤리는 AI 기술의 개발과 사용에서 공정성(Fairness), 투명성(Transparency), 프라이버시(Privacy), 책임성(Accountability), 안전성 및 보안성(Safety and Security) 등의 윤리적 고려 사항을 중심으로 한다. 반면 ESG는 기업의 지속 가능성을 평가하는 세 가지 주요 요소로, 각각 환경(Environment), 사회(Social), 지배 구조(Governance)를 의미한다. 지속적인 성장을 위한 주요 지표로 ESG가 다양하게 활용되고 있으며, 글로벌 매출 증가와 투자 유치 등에 중요한 기준이 되고 있다.

2024년 노벨 경제학상을 받은 다론 아제모을루 미국 MIT 교수는 AI가 빅 테크 등 소수 권력에 집중돼 세계적 불평등을 확대할 것이라고 경고했다. 현재 가장 부유한 국가는 가난한 국가에 비해 1인당 부(富)가 60~70배 많은데, 산업 혁명 전에는 이 격차가 3~4배 정도에 그쳤을 것이다. 이처럼 파괴적인 기술 변화는 막대한 격차를 만들고, AI가 실제로 세계 격차를 키울 것이라고 주장했다. AI는 개발 도상국의 근로자나 학생을 돕는 방식으로 사용될 잠재력이 있지만, 현재의 AI는 그렇게 발전하고 있지 않다. AI는 매우 극소수의 국가, 사람들의 손에 집중되고 있으며 훨씬 큰 불평등을 초래할 것이라고 설명했다.

AI 불평등 및 AI 윤리와 ESG는 상호 보완적 관계를 가질 수 있기 때문에 AI 기술이 ESG 목표 달성에 기여할 수 있다. AI는 에너지 효율성 개선, 재생 가능 에너지 관리, 기후 변화 모델링 등 환경 보호에 중요한 도구가 될 수 있다. 2024년 2월 미국 행정부는 '2024 인공지능 환경 영향법(Artificial Intelligence Environmental Impacts Act of 2024)'을 발의했다. 오픈AI 연구 리서치 내용에 따르면 2012년 이후 AI 모델 훈련에 필요한 컴퓨팅 성능이 약 3.4개월마다 두 배로 증가함에 따라, 2040년까지 정보 통신 기술(ICT) 산업 전반에서 발생하는 온실가스 배출량이 전 세계 배출량의 14%에 달할 것으로 예상되고 있다. AI 개발과 관련한 전력 및 에너지 과소비 문제는 최근 몇 년 동안 크게 주목받고 있다. AI 시스템, 특히 대규모 딥러닝 모델은 막대한 컴퓨팅 파워와 에너지를 필요로 하며, 이로 인해 전력 소비와 탄소 배출이 급격히 증가할 수 있다. 이러한 상황에서, AI가 환경에 미치는 영향을 연구할 필요성 또한 대두하기 시작한 것이다. 또한 AI를 활용해 의료 서비스 개선, 교육 기회 확대, 빈곤 완화 등 사회적 문제 해결에 기여할 수 있다. 단, AI 시스템이 사회적 불평등을 심화하지 않도록 윤리적 사용이 중요하다. AI는 데이터 분석을 통해 더 투명하고 책임 있는 경영을 지원할 수 있으며, 부패 방지와 규제 준수 모니터링에 도움을 줄 수 있다.

AI 윤리와 ESG 모두 지속 가능한 발전과 사회적 책임 및 인간 존중을 강조하며, 기업이 이러한 원칙을 준수할 때 더욱 신뢰받는 존재가 될 수 있다. AI 기술을 ESG 목표와 조화롭게 발전시킴으로써, 인간 존중 사회에서 더욱 공정하고 지속 가능한 미래를 만들어 나가는 데 기여할 수 있다.

AI 윤리와 자본주의 시장 경제의 지속적인 성장 기준인 ESG 지표와 연계성에 대한 다양한 논의가 매우 활발히 진행되고 있다. 구체적으로 Integrating ESG and AI: A Comprehensive Responsible AI Assessment Framework(2024); A Framework for Evaluating and

Disclosing ESG Related Impacts of AI with the SDGs(2021); Responsible AI and ESG: The Power of Trusted Collaborations(2022); AI's Impact on Our Sustainable Future: A Guiding Framework for Responsible AI Integration Into ESG Paradigms(2024); Ethics for Sustainable AI Adoption: Connecting AI and ESG(2021); The Ethics of AI Ethics: An Evaluation of Guidelines(2020), What's Next for AI Ethics, Policy, And Governance? A Global Overview(2020); What about investors? ESG analyses as tools for ethics-based AI auditing(2024); Practical AI Cases for Solving ESG Challenges(2023); Ethics Guidelines for Trustworthy AI(2019); European Framework on Ethical Aspects of Artificial Intelligence; Robotics and Related Technologies(2020); Ethical AI Performance as a Component in CSR and ESG(2022) 등이 있다. AI 윤리와 ESG는 기업의 장기적인 성공과 지속 가능을 위한 필수 요소다. 기업이 다양한 경영 전략을 활용해 AI 윤리와 ESG를 실천하고, 윤리적이고 책임감 있는 방식으로 AI 기술을 개발 및 활용해야 한다는 측면에서 매우 중요한 이슈로 부상하고 있다. 매킨지가 2023년 발표한 『AI 윤

리와 ESG: 지속 가능한 미래를 위한 파트너십』 보고서는 AI 윤리와 ESG의 중요성을 강조하고, 기업들이 이 두 가지를 조화롭게 발전시키기 위한 전략을 제시하고 있다. AI 윤리와 ESG에 대한 이해를 높이고, 글로벌 혁신 기업들이 윤리적이고 지속 가능한 성장 방식으로 AI 기술 활용을 강화하고 있다. 따라서 인공지능 윤리는 인공지능 기술이 인간에게 긍정적인 영향을 미치고, 인간의 존엄성과 가치를 존중하는 방향으로 발전할 수 있도록 하는 데 중요한 역할을 한다. 또한 글로벌 혁신 기업들의 윤리적이고 지속 가능한 성장 패러다임으로 AI 기술 혁신을 주목하고 있다.

구체적인 연관성과 사례

인공지능 윤리와 ESG의 구체적인 연관성과 사례는 AI 기술이 ESG 원칙을 실천하는 데 어떻게 기여하는지를 설명한다. AI가 환경 보호, 사회적 책임, 그리고 투명한 지배 구조를 강화하는 다양한 방식들이 있다.

첫째, 인공지능 윤리와 ESG의 환경(Environment) 사례의 경우, 에너지 효율성 · 환경 모니터링 · 자원 관리 등의 분야가 설명이 가능하다. AI는 에너지 사용을 최적화하고 효율성을 높이는 데 사용된다. 예를 들어, 스마트 그리드 시스템은 AI를 사용해 실시간으로 전력 수요를 예측하고 에너지 배분을 조절함으로써 에너지 낭비를 줄인다. 특히 생성형 AI가 발전하면서 이를 지원하는 반도체에 엄청난 전기 사용이 발생하고 있다. 오픈AI가 공개한 GPT를 가동하기 위해 적어도 원자력 발전소 하나가 소요된다는 점에서, 절약형 반도체 개발과 절전형 AI의 개발 등이 주목받고 있다. 이는 AI 비즈니스의 수익성과 연계된다는 점에서 매우 중요하며, 최근 'AI 투자 열풍'이 급속히 감소하는 원인으로 부상하고 있다. 2024년 현재 전 세계적으로 스타트업의 돈줄이 말라 가고 있다. 가장 큰 이유는 한동안 급격하게 성장하던 AI 스타트업에 대한 회의론 때문이다. 빅 테크들은 'AI 거품론'에도 불구하고 데이터 센터 등 AI 인프라에 천문학적 투자를 진행하고 있지만, AI 산업 생태계의 풀뿌리인 스타트업에선 이미 투자가 급감하고 있으며, 수익성을 담보하지 못하고 있다. 2024년 8월 글로벌 시장 조사 업체 피치북에 따르면, 2024년 상반기 글로벌 벤처 캐피털(VC)의 투자 건수는 1만 6773건, 투자 금액은 1697억 달러(약 234조 원)로 집계됐다. 2년 전인 2022년 상반기(2만 9421건 · 3351억 달러)와 비교하면 투자 건수와 투자금 모두 반 토막 수준이다. 특히 2년 전 VC 투자가 집중되던 생성형 AI 분야는 여전히 새롭게 창업하는 스타트업은 많지만 투자 유치는 고전하고 있다. 시장 진출 준비 단계에서 유치하는 '시리즈 A 투자'에 성공하는 생성형 AI 스타트업 비율은 2022년 3분기 37%에서 2024년 1분기 12%로 급감했다.

한편 구글은 AI를 사용해 데이터 센터의 에너지 효율성을 극대화했다. 알파고를 개발한 구글의 자회사 딥마인드(DeepMind)의 AI 기술을 적용해 데이터 센터의 냉각 시스템을 최적화하고, 에너지 사용량을 40% 줄였다. 또한 AI는 환경 데이터 분석을 통해 기후 변화, 오염 수준, 자연 재해 등을 모니터링하고 예측하는 데 도움을 준다. 드론과 위성 데이터를 분석하는 AI 모델은 산림 파괴, 해양 오염 등을 감지할 수 있다. 아울러 농업 분야에서 AI는 토양 상태, 날씨 패턴 등을 분석해 물과 비료 사용을 최적화함으로써 자원을 효율적으로 관리한다.

둘째, 인공지능 윤리와 ESG의 사회(Social) 사례의 경우, 건강 관리 · 교육 · 포용성 등의 분야가 설명이 가능하다. AI는 진단, 치료 계획, 예측 모델 등을 통해 의료 서비스를 개선한다. IBM 왓슨 헬스(Watson Health)는 대량의 의료 데이터를 분석해 암 진단 및 치료 계획을 제시하는 예로, 이는 의료 접근성을 높이고 공정한 의료 서비스를 제공한다. 2010년대 중반부터 고객 관리 서비스 분야 CRM의 세계 1위 기업인 세일즈포스(Salesforce)는 AI 윤리 원칙을 수립하고, 이를 제품과 서비스에 적용해 공정하고 투명한 AI 사용을 보장하고 있다. AI 기술이 사회적으로 책임 있게 사용되도록 하는 좋은 예라 할 수 있다. 아울러 AI 기반의 교육 플랫폼은 개인 맞춤형 학습을 제공해 교육의 질을 향상하고 접근성을 높인다. 예를 들어, 코세라(Coursera)나 칸 아카데미(Khan Academy) 같은 플랫폼은 AI를 활용해 학습자에게 맞춤형 교육 콘텐츠를 제공한다. 또한 AI는 채용 과정에서 편견을 줄이고 다양성을 촉진하는 도구로 사용될 수 있다. 예를 들어, 하이어 뷰(HireVue)는 AI를 사용해 면접을 분석하고, 지원자의 능력을 객관적으로 평가한다.

셋째, 인공지능 윤리와 ESG의 지배 구조(Governance) 사례의 경우, 투명성 강화 · 규제 준수 · 리스크 관리 등의 분야가 설명이 가능하다. AI는 데이터 분석을 통해 기업의 경영 활동을 투명하게 만들고, 내부 부정을 감지하는 데 사용된다. 예를 들어, AI는 금융 거래를 실시간으로 모니터링해 비정상적인 활동을 감지할 수 있다. HSBC 은행은 AI를 사용해 금융 범죄를 탐지하고 예방하는 시스템을 구축했다. 이를 통해 의심스러운 거래를 실시간으로 감지하고, 금융 시스템의 투명성과 신뢰성을 높였다. 또한 AI는 복잡한 규제 요구 사항을 준수하는 데 도움을 줄 수 있다. AI는 대량의 법률 문서를 분석하고, 기업이 필요한 규정을 준수하도록 지원한다. 아울러 AI는 다양한 리스크를 실시간으로 모니터링하고 예측해 기업의 리스크 관리 프로세스를 강화하고 있다.

이와 같이 인공지능 윤리와 ESG는 매우 밀접하게 상호 보완적인 관계를 유지하고 있으며, AI 기술을 통해 ESG 목표를 달성하는 데 중요한 역할을 하고 있다. AI를 통해 기업은 더 지속 가능하고 책임 있는 경영을 실현할 수 있다.

참고문헌

김용환 · 임희정(2021). 『AI(인공지능) 시대의 데이터 경제학』. 청람출판사.

김용환 · 임희정(2021). 『빅데이터 분석: 코로노믹스 (Coronomics) 사례』. 청람출판사.

김용환 · 임희정(2024). 『AI(인공지능) 경영론』. 청람출판사.

김용환 외(2023). 『포스트 휴먼과 융합』. 한울아카데미.

김용환(2022). 『연구윤리포럼』. 연구재단.

김용환(2023). 『연구부정 의심행위 조사 검증 매뉴얼』. 연구재단.

김용환(2024). 양자산업 트렌드와 시장분석. 혁신클러스터학회 추계학술대회.

김용환(2024). 『양자경제와 AI 산업혁신』. KIST.

소프트웨어정책연구소(SPRi)(2022.12.26). 국내 인공지능 소프트웨어 시장현황 진단 및 시사점.
조선일보와 한국경제 및 AI타임스 등 주요 언론 기사들 참조.
한국지능정보사회진흥원(2024). 해외 주요국의 AI 규제 거버넌스 현황 및 시사점.
Burnaev, Evgeny, et al.(2023). Practical AI cases for solving ESG challenges. *Sustainability*, 15(17).
Chartered Accountants Australia and New Zealand(CA ANZ)(2021.8.19). Ethics for sustainable AI adoption: Connecting AI and ESG.
European Commission(2019.4.8). Ethics guidelines for trustworthy AI.
European Commission(2022.3.11). Ethical AI performance as a component in CSR and ESG.
European Parliament(2020.9.28). European framework on ethical aspects of artificial intelligence, robotics and related technologies.
Golbin, Ilana, et al.(2022.6.3). Responsible AI and ESG: The power of trusted collaborations.
Hagendorff, Thilo(2020). The ethics of AI ethics: An evaluation of guidelines. *Minds and Machines*, 30, pp.99-120.
Hunkenschroer, Anna Lena & Kriebitz, Alexander(2022). Is AI recruiting (un)ethical? A human rights perspective on the use of AI for hiring. *AI and Ethics*, 3, pp.199-213. https://doi.org/10.1007/s43681-022-00166-4
Jones, Kate(2023). AI governance and human rights. *International Law Programme*, January. https://doi.org/10.55317/9781784135492
Lee, Sung Une, et al.(2024). Integrating ESG and AI: A

comprehensive responsible AI assessment framework. https://doi.org/10.48550/arXiv.2408.00965

McKinsey(2023). AI ethics and ESG: A partnership for sustainable future.

McKinsey(2024). Quantum technology monitor.

McKinsey(2024.3.1). How generative AI can help banks manage risk and compliance.

McKinsey(2024.3.25). Driving innovation with generative AI.

Minkkinen, Matti, et al.(2024). What about investors? ESG analyses as tools for ethics-based AI auditing. *AI & Society*, 39, pp.329-343.

Prabhakaran, Vinodkumar, et al.(2022). A Human rights-based approach to responsible AI.

Sætra, Henrik Skaug(2021). Framework for evaluating and disclosing ESG related impacts of AI with the SDGs(2021). *Sustainability*, 13(5).

Schiff, Daniel, et al.(2020). What's next for AI ethics, policy, and governance? A global overview. *AIES '20: Proceedings of the AAAI/ACM conference on AI, Ethics, and Society*, pp.153-158.

The Responsible AI Institute(2024). AI's impact on our sustainable future: A guiding framework for responsible AI integration into ESG paradigms.

United States federal executive departments(2024.2). 『Artificial Intelligence Environmental Impacts Act of 2024』.

Wong, Pak-Hang(2020). Cultural differences as excuses? Human rights and cultural values in global ethics and governance of AI. *Philosophy & Technology*, 33, pp.705-715. https://doi.org/10.1007/s13347-020-00413-8

10
AI와 ESG의 주요 사례

인공지능 윤리(AI Ethics)와 환경 · 사회 · 지배구조(ESG)는 현대 기업 경영과 사회적 책임뿐만 아니라 지속적인 성장의 핵심적인 패러다임으로 부상하고 있다. 특히 2020년 이후 새로운 기업의 발전 패러다임으로 주목받고 있는 ESG는 AI 혁신의 특징인 '개방과 참여 및 투명성'과 연계한 다양한 발전 사례로 구현되고 있다.

종교와 AI?

인공지능 윤리와 ESG: '환경'을 중심으로 구체적인 사례

인공지능 윤리와 ESG의 환경 측면에서 구체적인 사례를 통해 AI 기술이 환경 보호와 지속 가능한 목표 달성에 어떻게 기여하는지 설명할 수 있다.

구글 딥마인드(DeepMind)의 데이터 센터 에너지 효율화

구글은 데이터 센터의 에너지 소비를 줄이기 위해 AI를 활용했다. 구글 딥마인드의 AI는 머신 러닝 알고리즘을 통해 데이터 센터의 냉각 시스템을 최적화했다. 이 AI 시스템은 데이터 센터의 온도, 전력 사용량, 외부 날씨 조건 등을 실시간으로 분석해 냉각 시스템을 효율적으로 운영한다. 주요 성과로 에너지 사용량 40% 절감, 데이터 센터의 탄소 발자국 감소, 비용 절감과 함께 환경 보호 기여 등이 있다.

대표적인 사례로 2024년 12월 5일 구글 딥마인드는 국제 학술지 네이처에 등재된 '머신 러닝을 통한 확률론적 일기 예보'라는 제목의 논문을 통해 새로운 기상 예보 모델 '젠캐스트(GenCast)'를 공개했다. 논문에서 구글 딥마인드 연구팀은 우선 기존 기상 예보의 한계에 대해 지적했다. 전통적인 수치 기상 예보는 물리학 기반의 시

뮬레이션을 통해 기상 변화를 예측하지만, 이는 불확실성을 충분히 반영하지 못하고 계산 비용이 높다는 문제가 있다고 진단했다. 젠캐스트는 머신 러닝을 통한 확률적 기상 예보 AI 모델이다. 기존처럼 단일 예측값을 내놓는 것이 아니라 '내일 오전 7시 예상 기온은 섭씨 -5~2도일 확률은 70%, 2도 이상일 확률은 30%'처럼 다양한 기상 변수를 기반으로 발생 가능한 여러 날씨 시나리오를 확률적으로 제시한다. 정확도를 높이기 위해 구글은 유럽 중기 예보 센터(ECMWF) 아카이브에 저장된 40년간의 기상 데이터를 젠캐스트에 학습시켰다. 그 결과 현재 학습 대상이던 센터의 최고 수치 예보 모델 '앙상블 시스템(ENS)'보다 더 정확한 예측과 빠른 예보가 가능하다는 구글의 설명이다. 기존 기상 예보가 수만 개의 프로세스를 갖춘 슈퍼컴퓨터에서 몇 시간이 걸리는 반면, 젠캐스트는 구글이 자체 개발한 머신 러닝 전용 반도체인 TPU로 단시간에 처리가 가능하다는 것이다.

IBM 왓슨(Watson)과 농업 분야의 자원 관리

IBM 왓슨은 농업에서 AI를 사용해 자원 관리를 최적화하고 있다. AI는 토양 상태, 날씨 패턴, 작물 건강 등을 분석해 농부들에게 적절한 조언을 제공한다. 이를 통해 물, 비료, 농약 등의 사용을 최적화해 자원을 절약하고 환경 영향을 최소화할 수 있다. 주요 성과로는 물 사용량 20~30% 절감, 비료 사용량 최적화로 인한 토양 오염 감소, 농작물 수확량 증가 및 품질 개선 등이 있다.

마이크로소프트 올 포 어스(AI for Earth) 프로그램

MS의 올 포 어스 프로그램은 AI를 사용해 환경 문제를 해결하는 다양한 프로젝트를 지원한다. 예를 들어, AI는 생물 다양성을 모니터링하고, 기후 변화를 예측하며, 농업 생산성을 향상하는 데 사용된다. 이 프로그램은 전 세계의 연구자와 단체들에게 AI 기술을 제공해 환경 보호를 지원한다. 주요 성과로 AI를 사용한 산림 파괴 모니터링 프로젝트는 불법 벌목을 실시간으로 감지하고 방지하며, 기후 변화 모델링 프로젝트는 기후 패턴을 예측해 적절한 대응 방안을 마련하고, 농업 생산성 향상 프로젝트는 지속 가능한 농업 생산성 향상을 촉진하고 있다.

IBM 그린 허라이즌(Green Horizon) 프로젝트

IBM의 그린 허라이즌 프로젝트는 AI와 빅 데이터를 사용해 대기 질을 모니터링하고 개선하는 데 중점을 두고 있다. 이 프로젝트는 AI를 통해 대기 오염 데이터를 분석하고, 오염원 추적, 오염 예측, 그리고 개선 방안을 제시한다. 중국 베이징에서 시행된 프로젝트는 대기 오염 예측 정확도를 70% 이상 향상, 정부와 협력해 오염 방지 정책 수립에 기여, 실시간 대기 질 모니터링 시스템 구축으로 주민 건강 보호 등의 주요 성과를 달성했다.

디 오션 클린업(The Ocean Cleanup) 프로젝트와 AI

디 오션 클린업 프로젝트는 AI와 자동화 기술을 사용해 해양 플라스틱 쓰레기를 제거하는 데 중점을 두고 있다. AI는 해양 쓰레기의 이동 경로를 예측하고, 최적의 수거 방법을 계획해 효율성을 극대화한다. 주요 성과로는 태평양 쓰레기 지대(Great Pacific Garbage Patch)에서 수십 톤의 플라스틱 쓰레기 제거, 수거한 플라스틱을 재활용해 새로운 제품 생산, 해양 생태계 보호와 플라스틱 오염 감소에 기여 등이 있다.

이와 같은 사례들은 AI가 환경 보호와 지속 가능성에 어떻게 기여할 수 있는지 잘 설명하고 있다. AI 기술을 통해 에너지 효율을 높이고, 자원 관리를 최적화하며, 환경 오염을 모니터링하고 예측함으로써 더 지속 가능한 미래를 만들어 갈 수 있다.

인공지능 윤리와 ESG: '사회'를 중심으로 구체적인 사례

인공지능 윤리와 ESG의 사회 측면에서 구체적인 사례를 통해 AI 기술이 사회적 책임과 지속 가능한 목표 달성에 어떻게 기여하는지 설명한다.

의료 분야의 AI: IBM 왓슨 포 온콜로지(Watson for Oncology)

IBM 왓슨 포 온콜로지는 AI를 사용해 암 진단 및 치료 계획을 지원한다. 이 시스템은 수백만 건의 의료 기록과 연구 논문을 분석해 환자의 상태에 맞는 맞춤형 치료 옵션을 제안한다. 주요 성과로는 환자에게 맞춤형 치료 계획을 제공해 치료 효과 향상, 의사들이 최신 연구 결과와 데이터를 신속하게 활용할 수 있도록 지원, 의료 서비스 접근성을 높이고, 특히 자원이 부족한 지역에서 의료 격차를 줄이는 데 기여 등이 있다. 대한민국 주요 의료기관에서도 많이 도입해 활용하고 있다.

교육 분야의 AI: 듀오링고(Duolingo)와 맞춤형 학습

듀오링고는 AI를 사용해 개인 맞춤형 외국어 학습을 제공한다. AI는 사용자의 학습 패턴을 분석해 각 개인에게 최적화한 학습 경로와 연습 문제를 제시한다. 주요 성과로는 사용자의 학습 속도와 효과 극대화, 전 세계 수백만 명의 사용자가 저렴한 비용으로 고품질의 교육에 접근, 다양한 언어 학습을 통해 문화적 이해와 포용성 증진 등이 있다.

공공 안전 분야의 AI: 샷스포터(ShotSpotter)

샷스포터는 AI 기반의 총격 탐지 시스템으로, 도시에 설치된 센서를 통해 총성이 발생한 위치를 실시간으로 파악한다. 이 정보는 즉시 경찰에게 전달되어 신속한 대응이 가능하다. 주요 성과로는 총격 사건 발생 후 경찰의 대응 시간 단축, 범죄율 감소와 공공 안전 향상, 지역 사회 주민들이 더 안전한 환경에서 생활할 수 있도록 기여 등이 있다.

채용 분야의 AI: 하이어뷰(HireVue)

하이어뷰는 AI를 사용해 면접 과정을 분석하고 지원자의 능력과 적합성을 평가한다. AI는 비디오 인터뷰를 통해 음성 톤, 표정, 언어 사용 등을 분석해 객관적인 평가를 제공한다. 주요 성과로는 채용 과정에서의 편견을 줄이고 공정성을 높이고, 다양한 배경의 지원자들에게 더 공평한 기회를 제공하며, 기업이 가장 적합한 인재를 효과적으로 선발할 수 있도록 지원한다.

인권 보호 분야의 AI: 손(Thorn)과 인신매매 방지

손은 AI 기술을 사용해 온라인에서 인신매매 피해자를 찾고 구조하는 데 중점을 둔 비영리 단체다. 손의 AI 시스템은 웹 크롤러와 이미지 인식 기술을 사용해 온라인에서 인신매매 관련 활동을 감지한다. 주요 성과로는 인신매매 피해자의 신속한 구조와 지원, 법 집행 기관과 협력해 인신매매 조직 적발, 전 세계적으로 인신매매 방지와 인권 보호 기여 등이 있다.

사회적 포용과 다양성 증진: 세일즈포스의 에시클 AI 프랙티스(Ethical AI Practice)

글로벌 CRM(고객 관리S/W) 시장의 선두 기업인 세일즈포스는 AI 윤리 원칙을 수립하고 이를 제품과 서비스에 적용해 공정하고 투명한 AI 사용을 보장한다. 이 윤리 원칙은 AI 개발과 사용에서 다양성과 포용성을 증진하도록 설계되었다. 주요 성과로는 AI 시스템에서의 편견을 줄이고 공정한 결과 도출, 기업 내 다양한 배경의 직원들에게 공정한 기회 제공, 윤리적 AI 사용을 통한 사회적 신뢰 증진 등이 있다.

이와 같은 사례들은 AI가 사회적 책임과 지속 가능성에 어떻게 기여할 수 있는지를 잘 설명한다. AI 기술을 통해 의료, 교육, 공공 안전, 채용, 인권 보호 등 다양한 분야에서 사회적 문제를 해결하고, 더 공정하고 포용적인 사회를 만드는 데 중요한 역할을 할 수 있다.

인공지능 윤리와 ESG: '지배 구조'를 중심으로 구체적인 사례

AI 윤리와 ESG의 지배 구조 측면에서 구체적인 사례를 통해 AI 기술이 투명하고 책임 있는 경영을 어떻게 지원하는지 설명할 수 있다.

투명한 경영: J. P. 모건(Morgan)의 AI 기반 문서 분석

J. P. 모건 체이스(Chase)는 AI 기술을 사용해 법률 문서와 계약서를 분석하는 COIN(Contract Intelligence) 플랫폼을 도입했다. COIN AI 시스템은 수천 건의 법률 문서를 신속하게 분석하고, 중요한 조항과 리스크 요소를 식별한다. 주요 성과로는 수동 검토에 비해 문서 분석 속도와 정확성 대폭 향상, 법적 리스크 식별 및 관리 효율성 증대, 투명한 경영과 준법 감시 강화 등이 있다.

규제 준수: HSBC 은행의 AI 기반 금융 범죄 탐지

HSBC는 금융 범죄와 관련한 비정상 거래를 감지하기 위해 AI를 사용한다. AI 시스템은 대량의 금융 거래 데이터를 분석해 의심스러운 활동을 실시간으로 감지하고 경고를 발송한다. 주요 성과로는 금융 범죄 탐지 정확도와 신속성 향상, 규제 기관 요구 사항 준수 강화, 금융 시스템의 투명성과 신뢰성 증대 등이 있다.

인공지능은 금융 서비스를 비롯한 산업 전반에 걸쳐 차세대 생산성 향상의 촉매제가 되고 있다. 분석 모델링에서 수동 작업 자동화, 비정형 콘텐츠 합성에 이르기까지 인공지능 기술은 이미 금융 기관이 위험을 관리하고 규정을 준수하는 방법을 포함해 은행 기능의 운영 방식을 변화시키고 있다. 금융 산업에서 클라우드 전환이 진행된 기업을 중심으로 AI를 활용한 고객 응대 및 고객 접점 강화, 대출 심사 · 보험 심사, 신용 평가, 고객 데이터 분석을 위한 개별 솔루션을 도입하는 사례가 크게 증가하고 있다.

AI 콘택트 센터 및 상담 어드바이저, RPA 솔루션 도입 수요가 크게 증가하며, 2025년 약 4657억 원으로 전체 산업에서 가장 큰 시장 규모를 형성할 전망이다. 금융권에서는 마이 데이터 사업을 비롯해 실시간 고객 데이터 분석 및 대응 전략을 위한 콘택트 센터 고도화를 비롯한 AI · 데이터 이니셔티브를 지속적으로 강화하는 모습을 보이고 있다. 금융권의 전략 목표가 고객 경험 향상에 집중되면서 고객 접점 분야인 상담 · 상품 판매, 인증 · 결제, 챗봇, 로봇 프로세스 자동화(RPA)에 AI 도입이 활성화되고 있다. 즉, 전문 심사역 등 전문 인력의 투입이 요구되는 대출 심사 · 보험 심사 분야에 AI의 판단 · 추론을 활용해 의사 결정을 지원함으로써 업무 효율성 향상을 추구하고 있다. 고객 데이터 분석 분야에서의 AI 활용은 상품 전략과 고객 특성 파악과 관련한 모형을 개발하고 최적화하는 것이다. 또한 이상 거래 탐지(Fraud Detection), 불법 자금 세탁(Anti Money Laundering), 의심 거래 보고(Suspicious Transaction Report) 등 금융권의 준법 관리와 관련한 이상 행동 감지 모델 등에 AI를 도입하고 있다.

특히 생성형 AI의 도입으로 금융 산업의 디지털 역량이 더욱 중요하게 부상하고 있다. AI의 도입으로 업무 프로세스의 효율성이 높아지고, 고객에 대한 서비스의 수준이 높아지면서 금융 산업의 디지털 역량이 제고될 전망이다. 다른 산업과 마찬가지로 금융 산업에서 AI의 사용이 크게 증가할 것으로 예상되는 가운데, 챗지피티 등

지금보다 강력하고 다재다능한 생성형 AI가 은행의 다양한 업무 및 애플리케이션 등에 널리 사용될 전망이다.

리스크 관리: 블랙록(BlackRock)의 알라딘(Aladdin) 플랫폼

블랙록은 알라딘이라는 AI 기반 리스크 관리 플랫폼을 운영하고 있다. 알라딘은 시장 데이터를 분석해 다양한 투자 포트폴리오의 리스크를 평가하고, 투자 결정을 지원한다. 주요 성과로는 투자 리스크 예측 및 관리 능력 향상, 투자 포트폴리오의 성과 최적화, 투자자에게 투명한 리스크 보고 제공 등이 있다.

이사회 구성 및 관리: 딜리전트(Diligent)의 AI 기반 거버넌스 솔루션

딜리전트는 이사회 구성 및 관리를 지원하는 AI 기반의 거버넌스 솔루션을 제공한다. 딜리전트 시스템은 이사회 활동을 모니터링하고, 의사 결정 과정을 투명하게 관리한다. 주요 성과로는 이사회 활동의 투명성 및 효율성 증대, 다양한 배경과 전문성을 가진 이사회 구성 촉진, 기업의 거버넌스 구조 개선 및 책임 경영 강화 등이 있다.

내부 감사 및 부패 방지: 언스트(Ernst) & 영(Young)의 AI 기반 감사 시스템

언스트 & 영은 AI 기술을 사용해 내부 감사 프로세스를 혁신했다. AI 시스템은 대규모 재무 데이터를 분석해 부정행위 및 비정상 거래를 감지한다. 주요 성과로는 내부 감사의 정확성과 효율성 향상, 부정행위와 비정상 거래의 신속한 탐지 및 대응, 기업의 윤리적 경영과 투명성 강화 등이 있다.

지속 가능한 공급망 관리: IBM의 AI 기반 블록체인 솔루션

IBM은 AI와 블록체인을 결합한 솔루션을 통해 공급망의 투명성을 높이고 지속 가능성을 강화하고 있다. 이 시스템은 제품의 생산, 유통, 판매 과정을 실시간으로 추적하고 관리한다. 주요 성과로는 공급망의 투명성 및 추적 가능성 강화, 비윤리적 관행(예: 아동 노동, 환경 파괴)의 감지 및 예방, 지속 가능한 비즈니스 관행 촉진 등이 있다.

이와 같은 사례들은 AI가 기업의 지배 구조를 개선하고, 더 투명하고 책임 있는 경영을 실현하는 데 중요한 도구로 사용될 수 있음을 설명한다. AI 기술을 통해 기업은 규제 준수, 리스크 관리, 내부 감사, 이사회 관리, 그리고 지속 가능한 공급망 관리 등 다양한 측면에서 투명성과 책임성을 강화할 수 있다.

참고문헌

김용환 · 임희정(2021). 『AI(인공지능) 시대의 데이터 경제학』. 청람출판사.

김용환 · 임희정(2021). 『빅데이터 분석: 코로노믹스 (Coronomics) 사례』. 청람출판사.

김용환 · 임희정(2024). 『AI(인공지능) 경영론』. 청람출판사.

김용환 외(2023). 『포스트 휴먼과 융합』. 한울아카데미.

김용환(2022). 『연구윤리포럼』. 연구재단.

김용환(2023). 『연구부정 의심행위 조사 검증 매뉴얼』. 연구재단.

김용환(2024). 양자산업 트렌드와 시장분석. 혁신클러스터학회 추계학술대회.

김용환(2024). 『양자 경제와 AI 산업혁신』. KIST.

소프트웨어정책연구소(SPRi)(2022.12.26). 국내 인공지능 소프트웨어 시장현황 진단 및 시사점.

조선일보와 한국경제 및 AI타임스 등 주요 언론 기사들 참조.

한국지능정보사회진흥원(2024). 해외 주요국의 AI 규제 거버넌스 현황 및 시사점.

Burnaev, Evgeny, et al.(2023). Practical AI cases for solving ESG challenges. *Sustainabilit*, 15(17).

Chartered Accountants Australia and New Zealand(CA ANZ)(2021.8.19). Ethics for sustainable AI adoption: Connecting AI and ESG.

European Commission(2019.4.8). Ethics guidelines for trustworthy AI.

European Commission(2022.3.11). Ethical AI performance as a component in CSR and ESG.

European Parliament(2020.9.28). European framework on ethical aspects of artificial intelligence, Robotics and Related Technologies.

Golbin, Ilana, et al.(2022.6.3). Responsible AI and ESG: The power of trusted collaborations.

Hagendorff, Thilo(2020). The ethics of AI ethics: An evaluation of guidelines. *Minds and Machines*, 30, pp.99–120.

Hunkenschroer, Anna Lena & Kriebitz, Alexander(2022). Is AI recruiting (un)ethical? A human rights perspective on the use of AI for hiring. *AI and Ethics*, 3, pp.199–213. https://doi.org/10.1007/s43681-022-00166-4

Jones, Kate(2023). AI governance and human rights. *International Law Programme*, January. https://doi.org/10.55317/9781784135492

Lee, Sung Une, et al.(2024). Integrating ESG and AI: A comprehensive responsible AI assessment framework. https://doi.org/10.48550/arXiv.2408.00965

McKinsey(2023). AI ethics and ESG: A partnership for sustainable future.

McKinsey(2024). Quantum technology monitor.

McKinsey(2024.3.1). How generative AI can help banks manage risk and compliance.

McKinsey(2024.3.25). Driving innovation with generative AI.

Minkkinen, Matti, et al.(2024). What about investors? ESG analyses as tools for ethics-based AI auditing. *AI & Society*, 39, pp.329–343.

Prabhakaran, Vinodkumar, et al.(2022). A Human rights-based

approach to responsible AI.

Sætra, Henrik Skaug(2021). Framework for evaluating and disclosing ESG related impacts of AI with the SDGs(2021). *Sustainability*, 13(5).

Schiff, Daniel, et al.(2020). What's next for AI ethics, policy, and governance? A global overview. *AIES '20: Proceedings of the AAAI/ACM conference on AI, Ethics, and Society*, pp.153-158.

The Responsible AI Institute(2024). AI's impact on our sustainable future: A guiding framework for responsible AI integration into ESG paradigms.

United States federal executive departments(2024.2). 『Artificial Intelligence Environmental Impacts Act of 2024』.

Wong, Pak-Hang(2020). Cultural differences as excuses? Human rights and cultural values in global ethics and governance of AI. *Philosophy & Technology*, 33, pp.705-715. https://doi.org/10.1007/s13347-020-00413-8

김용환

경희대학교 일반대학원 경제학 박사를 취득하고 한국 과학 기술 연구원(KIST)에서 연구 정책 실장과 한러 과학 기술 협력 센터 소장 등으로 활동했다. 특히 2000년 한국 기술 벤처 재단(구 홍릉 벤처 밸리)을 설립하고 사무총장으로 파견 근무했다. 차의과학대학교 데이터 경영학과 교수, 산학 협력단 단장, 연구처 처장, 평생교육원 원장, 차의과학대학교 빅 데이터-인공지능 연구소 소장 등으로 활동했다. 또한 산·학·연·관에서 다양하게 활동했다. 서울시 산하 DMC산학 진흥 재단 상임 이사, 국무 조정실 정책 평가 위원회 전문 위원, 대통령 산하 국가 균형 발전 위원회 평가 위원, 대통령 산하 수도권 광역 경제권 발전 위원회 광역 위원, 서울특별시 디지털 미디어 시티(DMC) 실무 위원회 위원, 서울시 산학연 정책 위원회 위원, 서울시 희망 경제 위원회 산업 경제 분과 위원장, 사단 법인 국제 지역학회 회장, 사단 법인 소비자와 함께 공유 경제 위원장, 사단 법인 서울 평양학회 회장, 사단 법인 대학 연구 윤리 협의회 회장·학술 위원장, 사단 법인 경기도 산학 협력단장 협의회 이사, 재단 법인 한국 과학 기술 지주 사외 이사, 연구 재단 PM 연구윤리 위원, CCC 사외 이사, 한국 컨설팅 산업 협회 운영 위원, KIST연우회 이사, KIST 창업 심의 위원 및 초격차 프로젝트 운영 위원 등으로 활동하고 있다. 주요 연구 학술 활동으로 『AI 경영론』, 『양자 경제와 AI 산업혁신』, 『AI(인공지능) 시대의 데이터경제학』, 『빅데이터 분석』, 『포스트 휴먼과 융합』, 『기술혁신』, 『홍릉벤처밸리』, 『동북아 시대의 코리아벤처밸리』, 『기술혁신의 산업경제발전론』, 『연구윤리포럼』, 『연구부정 의심행위 조사·검정 보고서 작성 매뉴얼』 등의 단행본 및 보고서 100여 권과 "A Study on the Trend of Employment Effect and Employment Policy in the Digital Bio-healthcare Industry"(2021)를 비롯한 200여 건 이상의 논문 등 발표 자료가 있다. 현재 4차 산업 혁명과 AI 경영, 디지털 경제와 디지털 트렌드 분석, 디지털 기업 사례 분석과 비즈니스 모델, 빅 데이터와 데이터 비즈니스 혁신, 디지털 헬스케어와 AI 헬스케어 경영, 양자 AI와 시장 모델, 국내외 주요 혁신 기업 컨설팅, 특히 중소기업의 해외 시장 진출과 공동 R&D 기획 및 협력, 창업과 기술 사업화 및 글로벌 기술 협력, 연구윤리 및 AI 윤리 등에 집중해 연구 중이다.

임희정

유타대학교 경제학 박사를 취득하고 현대 경제 연구원(HRI)에서 경제 동향 실장과 연구 위원 등으로 활동했다. 또한 RehabCare Group Inc.(USA)의 Business Consultant, 기술경제 경영 연구원 연구 위원, 한국 과학 기술원 대소과학 기술협력 센터 연구 조원 등으로 활동했다. 현재는 경기도 일자리재단 일자리 연구 센터 선임 연구 위원으로 재직 중이며, 일자리 지원 팀장, 중장년 일자리 센터장, 정책 연구 팀장 등으로 활동하고 있다. 주요 연구 학술 활동으로 『AI 경영론』, 『AI(인공지능) 시대의 데이터 경제학』, 『빅데이터 분석』, 『Measuring Productivity in Frontier and Non-frontier model』, "디지털 전환 시대의 미래 일자리 분석", "경기도 및 시·군 일자리센터 거버넌스 효율성 제고 방안", "경기도 중소기업 청년근로자 지원 정책 도입방안 기초연구", "경기도 청년층 일자리 정책 개선방안 연구", "국내 지식기반 서비스업의 특징과 과제", "국내 서비스업 수급 현황과 시사점", "국내 적자가구의 가계수지 특징과 시사점" 등의 단행본 및 보고서가 있다. 현재 디지털 헬스케어와 AI 헬스케어 경영, 인구 구조 변화와 일자리 창출 방안, K-Culture 확산과 지역 경제 활성화 방안 등에 집중해 연구 중이다.